하나님이 당신을
응원합니다

하나님이 당신을
응원합니다

© 생명의말씀사 2012, 2019

2012년 12월 31일 1판 1쇄 발행
2015년 1월 20일   3쇄 발행
2019년 6월 28일 2판 1쇄 발행

펴낸이 | 김재권
펴낸곳 | 생명의말씀사

등록 | 1962. 1. 10. No.300-1962-1
주소 | 서울시 종로구 경희궁1길 5-9(03176)
전화 | 02)738-6555(본사) · 02)3159-7979(영업)
팩스 | 02)739-3824(본사) · 080-022-8585(영업)

지은이 | 오대식

기획편집 | 서정희, 유선영, 김현정, 신유리
디자인 | 박소정
인쇄 | 영진문원
제본 | 정문바인텍

ISBN 978-89-04-16672-5 (03230)

저작권자의 허락없이 이 책의 일부 또는 전체를
무단 복제, 전재, 발췌하면 저작권법에 의해 처벌을 받습니다.

하나님이 당신을
응원합니다

오대식 지음

생명의말씀사

추천사

쉽다. 그러나 심오하다. 부드럽다. 그러나 날카롭다. 이론적이다. 그러나 실천적이다. 저자는 예리하고 탁월한 통찰력으로 성경을 해석하며 포스트모더니즘 시대, 즉 절대적인 가치를 인정하지 않고 상대주의의 혼돈과 무질서 속에서 갈피를 못 잡고 오늘을 살아가는 신앙인들에게 믿음이 무엇인지, 믿음생활이 무엇인지를 제시하고 있다. 이 책을 읽으면 어둠 속에 한 줄기 빛을 발견한다. 절망 속에서 희망이 솟는다. 좌절 속에서 용기를 얻는다. 삶을 사랑하는 사람들에게 필독서로 권하고 싶다.

김성묵 (두란노 아버지학교 국제운동본부 본부장)

세찬 풍파와 시린 세월을 오롯이 견뎌낸 나무에겐 결이 생겨납니다. 그래서 나뭇결을 잘 살펴보면 지난 세월을 짐작할 수 있습니다. 나무에 결이 있듯 사람에게도 결이 있습니다. 말과 행동이 그 사람의 결입니다. 그래서 한 사람의 말과 행동을 살펴보면 그 사람의 세월을, 그 사람의 삶의 자세를 볼 수 있는 것입니다. 오대식 목사님의 글은 꼭 목사님의 행동과 같습니다. 그래서 목사님이 전해주는 위로가 값싼 동정으로 여겨지지 않습니다. 오히려 값지게 다가옵니다. 그래서 눈물이 납니다. '눈물이 나도 이렇게 따뜻할 수 있구나!' 느끼게 됩니다.

이상억 (장로회신학대학교 목회상담학 교수)

지치고 쓰러진 사람들이 참 많습니다. 삶의 의미와 가치를 잃어버린 영혼들도 넘칩니다. 주변에 아무도 없어 외로움에 지치거나 관계의 상처로 상한 마음에 울기도 합니다. 지나간 일을 후회하고 다가올 일을 걱정하며 불안해합니다. 환경을 원망하거나 자신을 비난하며 살아갑니다. 단지 말로만 하는 응원이 아니라, 무엇을 붙잡고 어떻게 살아야 할 것인지 분명하게 알려주는 이 책이 모든 고난을 역전시키는 계기가 될 것을 확신하며 기대합니다.

채정호 (가톨릭대학교 서울성모병원 정신건강의학과 교수)

커다란 과자를 주려는 사람의 진의를 모르는 개미는 너무도 놀라서 두려움에 우왕좌왕하다 숨어버립니다. 하나님의 본마음을 오해라는 약한 시력으로 바라보는 우리도 아마 같은 모습일 것입니다. 그런 의미에서 하나님의 마음을 시원하게 하고, 우리의 약한 시력을 교정해주는 오대식 목사님의 『하나님이 당신을 응원합니다』는 최고의 축복입니다. 하나님의 응원이 진정한 응원이 될 수 있도록 돕고, 하나님과 나 사이의 간극이 한 발짝씩 좁아지게 하는 신앙 여정의 나침반이 될 것을 확신합니다.

권혁인(광운대학교 교양학부 교수)

학교에서 탈북 청소년들을 가르치다 보면 아이들에게 위로와 격려, 그리고 응원이 필요할 때가 참 많습니다. 탈북 과정에서 동생을 잃어버리고, 식량난으로 부모님을 여읜 아이, 알약 하나면 완치될 병인데 가족이 숨지는 것을 눈앞에서 무력하게 지켜만 봐야 했던 아이. 이들의 아픔과 고통을 7년 동안 보듬으려다 보니 젊은 청년 교사로서 한계가 느껴질 때가 많았습니다. 이 와중에 만난 오대식 목사님의 책 『하나님이 당신을 응원

합니다』가 큰 힘이 되어주었습니다. 아픔과 좌절이 있는 이들에게 가장 큰 위로와 용기는 역시 '하나님'이라는 것을 다시금 깨우쳐준 감사한 책을 우리 탈북 학생들뿐만 아니라 다른 많은 분께도 기쁜 마음으로 권해드리고 싶습니다.

변정훈(여명학교 교사)

contents

추천사 4
프롤로그 이 땅의 모든 분들에게 하나님의 응원 소리가 들리기를 … 10

'하나님이 정말 내 곁에 계실까' 묻고 싶은 당신에게

밤새 바람이 불 때 17 | 왜 우십니까, 누구를 찾으십니까 22 | 약속과 징표 27 | 잡는 기도, 놓는 기도 32 | 부활이 주는 소망 37 | 일상 속에 숨겨진 천국 43 | 이만한 믿음 48 | 늘 언제나, 늘 가까이 53

'내가 제자로 사는 것일까' 고민하는 당신에게

믿음보다 자세 61 | 순종이 제사보다 낫다는 말 66 | 두 아들이 마신 잔 71 | 본질과 현실 사이에서 76 | 더 낮아지고, 더 작아지고 81 | 금송아지와 십자가 86

자신의 허물과 약점으로 마음이 슬픈 당신에게

자신이 만든 감옥 95 | 염려를 준비하십시오 100 | 고통의 반전 105 | 옥합 깨뜨리기 111 | 예수님을 담은 그릇 116

Part 4
알 수 없는 미래로 불안한 당신에게

태도가 93%다 125 ı 갈렙, 그 사람이 사는 법 131 ı 조금만, 조금만 더 136 ı 죽 한 그릇만도 못합니까 141 ı 인생의 두 기둥 146 ı 그리스도인의 별명 151

Part 5
인생의 장벽 앞에서 걸음을 멈춘 당신에게

엎드린 마음에 깃드는 은총 159 ı 합격사과의 비밀 164 ı 다윗의 요새 170 ı 인생, 한 편의 드라마 176 ı 뼈아픈 과거 182 ı 헤롯의 때가 올지라도 187

Part 6
'의미 있는 삶은 어떤 것일까' 길을 찾는 당신에게

진짜를 응원하시는 하나님 195 ı 빛나는 조연 201 ı 여기에 다 있습니다 206 ı 곁을 지키는 사람들 211 ı 마지막이 가까울 때 216

프롤로그

이 땅의 모든 분들에게
하나님의 응원 소리가 들리기를…

아빠가 딸과 함께 아침 운동을 나갔습니다. 집을 나서 공원 쪽으로 열심히 뛰는데 지나가던 사람들이 아빠를 보며 손짓하며 말합니다.

"아저씨, 운동화 짝짝이로 신었어요!"

아빠가 아래를 내려다보니 정말로 한쪽은 흰색, 다른 쪽은 검은색이었습니다. 마주 오며 운동하던 사람들이 아빠를 보고 모두 웃었습니다. 아빠는 딸에게 말했습니다.

"어서 집에 가서 아빠 운동화를 가지고 와라. 창피해서 원! 운동이고 뭐고 빨리 가져와! 아빠 여기서 기다릴게."

딸은 쏜살같이 달려갔습니다. 그동안 아빠는 큰 나무 뒤에 숨어서 딸이 오기만을 기다렸습니다.

얼마 후 딸이 헐레벌떡 아빠에게로 돌아왔는데 손에는 아무것도 없었습니다.

"왜 그냥 왔니? 신은?"

아빠가 묻자 딸이 말했습니다.

"아빠 소용없었어요. 집에 있는 것도 한쪽은 흰색, 다른 쪽은 검은색이에요."

"……??"

아빠가 온전한 신을 신으려면 무엇을 먼저 해야 할까요? 그것은 신을 제자리에 갖다놓는 것입니다. 제 짝을 맞춰놓아야 공원에서도, 집에서도 온전한 운동화를 신을 수 있습니다. 만일 제 짝을 찾아 제자리에 놓지 않는다면 아빠는 세상 어디에서도 온전한 운동화를 신을 수 없을 것입니다. 그 어느 곳에도 온전한 운동화는 없기 때문입니다.

우리 삶의 주변에는 하나님의 위로와 격려가 참 많이 있습니다. 그러나 우리가 그런 하나님의 사랑의 음성을 듣지 못하고 힘들어하는 이유는 우리의 믿음이 제자리에 있지 않기 때문입니다. 짝짝이 운동화를 신고 있듯이 편협하고 변질된 믿음을 갖고 있는 한 내 주변에 널려 있는 수많은 하나님의 축복은 발견될 수가 없습니다.

우리는 살다 보면 많은 위로와 격려의 말을 하기도 하고 듣기도 합니다.

"힘을 내. 용기를 가져. 다 잘될 거야."

"조금만 참아. 하나님이 도와주실 거야. 나도 기도해줄게."

그러나 그런 격려와 응원은 우리 삶의 문제를 진정으로 해결해주지 못합니다. 우리의 믿음이 하나님의 기준이 아닌 세상의 기준에 맞춰져 있다면 그 어떤 말로도 사람의 아픈 마음을 위로하지 못합니다. 오직 바른 믿음을 가질 때만이 여기저기에 놓여 있는 하나님의 사랑과 응원의 소리를 발견할 수 있습니다. 그래서 가장 좋은 격려와 응원은 바른 믿음을 전해주는 것입니다. 당장 듣기 힘들고 문제 해결과 거리가 먼 것 같아도 운동화를 제자리에 갖다놓지 않으면 평생 온전한 운동화를 찾을 수 없듯이 바른 믿음을 소유할 때만이 하나님의 은혜와 응원을 발견하게 됩니다.

이 책은 우리가 신고 있는 짝짝이 운동화를 제대로 맞춰놓는 일에 도움을 줄 것입니다. 그리고 우리에게 가장 필요한 위로인 하나님의 응원 소리를 들을 수 있도록 안내해줄 것입니다. 우리가 하나님의 응원을 듣고 느낄 수만 있다면 삶의 대부분의 문제들은 어렵지 않게 풀릴 것입니다. 우리 삶의 모든 원리를 만드신 분이 제시하시는 해결책이요, 응원이요, 위로이기 때문입니다.

이 책을 통해서 많은 분이 하나님의 위로와 응원이 내 주변에 수없이 많다는 것을 알게 되었으면 좋겠고, 하나님의 응원 소리를 듣고 새 힘을 얻으면 좋겠습니다. 힘들고 어려운 일을 당해 큰 낙심 중에 있는 이 땅의 모든 분에게 하나님의 응원 소리가 들리기를 소망합니다.

오대식 목사

하나님은 바람 속에서 이적이 일어나듯이 일상생활을 통해,
평범한 것 같은 하루하루를 통해 우리에게 다가오십니다.
하나님은 매일매일의 삶 속에서 우리에게 말씀하시며,
우리의 기도를 들으시고, 우리의 그 기도를 이루시기 위해
우리의 환경을 천천히 바꿔놓고 계십니다.

Part 1

'하나님이 정말 내 곁에 계실까'
묻고 싶은 당신에게

밤새 바람이
불 때

　430년 동안 이집트에서 종살이하던 이스라엘 백성이 지도자 모세를 따라 가나안 땅으로 나아가게 되는 출애굽을 할 때, 이집트에서 나온 사람의 수는 장정만 60만이었습니다. 그러나 이집트의 바로왕은 놓아준 노예 60만 명이 아까웠던지 군사를 풀어 그들을 뒤쫓게 했습니다. 아마도 죽이든지 회유해 다시 데리고 오든지 하려고 군대를 보냈던 것 같습니다.

　한편 이스라엘 백성은 이집트를 탈출해 빠져나오는 기쁨도 잠시, 곧 첫 난관에 부딪혔습니다. 그것은 가로막힌 홍해였습니다. 게다가 뒤에는 칼과 창을 앞세운 이집트의 군대가 달려오고 있었습니다. 상황이 이렇자 이스라엘 백성은 이집트에서 나온 후 처음으로 원망의 소리를 내뱉었습니다. 이집트에서 죽는 것이 차라리 낫겠다고 하나님을 원망하는 그들에게 모세는 이렇게 말했습니다.

너희는 두려워하지 말고 가만히 서서 여호와께서 오늘 너희를 위하여 행하시는 구원을 보라……여호와께서 너희를 위하여 싸우시리니 너희는 가만히 있을지니라(출 14:13-14).

그러고 나서 모세는 하나님의 명령대로 손을 내밀어 홍해를 갈랐습니다. 기적과 이적에 대한 우리의 일반적인 견해와 기대감은 똑같습니다. 그것은 대체적으로 초자연적인 현상이라는 것과 순식간에 바뀌는 상황을 기대하는 것입니다. 또한 마치 이것이 신앙의 최종적 결정체라 믿습니다. 이런 이적의 체험은 나름대로 깊은 신앙으로의 몰입을 가져오며, 또 상당히 높은 신앙적 체험을 얻는 것이라 생각합니다. 그러기에 우리는 어쩌면 모두 은근히 생활 속에서 이러한 신앙적 이적을 기다리고, 다른 이에게 나타나는 그 모습을 부러워하고 있는지도 모릅니다.

홍해가 갈라지는 사건을 보면서 우리는 하나님이 어떻게 기적을 이루시는지 살펴볼 수 있습니다. 그리고 하나님이 기적을 이루시는 방법을 우리도 생활 속에 적용할 수 있어야 할 것입니다.
먼저, 홍해가 갈라지는 이적은 모세의 지팡이 힘에 의해서가 아니라 바람에 의한 것임을 알아야 합니다. 모세가 지팡이를 든 손을 바다 위로 내밀었을 때 홍해가 갈라진 것이 아닙니다. 홍해를 갈라지게 한 힘은 바로 하나님의 바람이었음을 우리는 주의 깊게 봐야 합니다. 모세의 손이 초자연적인 것이라 한다면 반대로 큰 동풍은 자연적인 것이라 할 수 있습니다. 이것은 우리에게 중요한 신앙적 시각을 알려주는 말씀입니다.

모세가 바다 위로 손을 내밀매 여호와께서 큰 동풍이 밤새도록 바닷물을 물러가게 하시니 물이 갈라져 바다가 마른 땅이 된지라(출 14:21).

우리는 대체로 홍해가 갈라지는 큰 이적이 모세의 손끝에 의해 단번에 이루어졌다고 생각합니다. 그러나 하나님은 이 놀라운 일이 일어나기까지 밤새 부는 동풍을 동원하셨습니다.
'큰 동풍'이란 자연적이고 일상적인 현상입니다. 이 평범한 현상이 하나님의 능력으로 인해 큰 이적을 이룬다는 사실에 우리는 주목해야 합니다.
바람에 귀를 기울여보신 적이 있습니까? 일상적이고도 지극히 자연적인 현상에 관심을 갖고 관찰해보신 적이 있습니까? 그리고 그것이 하나님이 내게 큰 이적을 이뤄내시는 능력의 과정이라는 것도 눈치채고 계십니까? 모세의 지팡이보다 큰 동풍에 하나님의 힘이 실려 있듯이, 우리는 순간적이고 초자연적인 하나님의 음성을 찾기보다 일상적이고 자연적 현상에서 이적을 행하시는 하나님의 능력을 발견할 수 있어야 합니다.
왜 우리는 장미꽃 위의 이슬에서 하나님을 만날 수 없는 것일까요? 왜 우리는 바람 속에서 주님을 볼 수 없을까요? 그 이유는 우리의 신앙 교육과 경험 자체가 너무도 초자연적이고 순간적인 이적에 높은 가치를 두어왔기 때문입니다. 자연적인 현상 속에서는 하나님의 음성을 발견할 수 없도록 초자연적인 이적만을 가르쳐왔기 때문입니다. 이제는 눈을 떠 작은 일상 속에서도 이적이 일어나고 있음을 보아야 합니다.

보십시오. 큰 동풍이 밤새도록 불었다고 하는 대목 말입니다. 모세가 손을 내밀자 하나님이 큰 동풍을 동원시켜 순식간에 바다가 갈라지게 하신 것이 아니라 그 바람이 밤새 일어, 즉 많은 시간이 흘러서야 바다가 갈라지게 되었다는 사실입니다. 이것은 하나님이 이적을 이루시기까지 어느 정도 일상적인 시간을 두실 수도 있다는 것을 의미합니다.

우리에게는 이런 경험이 너무 많습니다. 손을 내밀어놓고 밤새 바람만 맞고 서 있는 모세처럼, 우리의 기도는 늘 불안했습니다.

"하나님은 왜 이뤄주시지는 않고 바람만 불게 하시는 거야!"
"내가 원하는 것은 바람이 부는 게 아니야. 바다가 갈라지는 것이란 말이야!"

그러나 이런 더딤의 현상 속에서도 낙심하거나 잊지 말아야 할 것이 하나 있습니다. 그것은 하나님의 눈은 언제나 우리를 향해 있고, 하나님은 우리의 기도를 들으시고 기적을 이루실 준비를 착실히 하고 계시다는 사실입니다. 즉 시간이 더딘 것 같고 당장 이뤄지지 않을 것 같아도 하나님은 우리의 기도를 들으시고 계속해서 동풍이 불도록 일하고 계십니다. 하나님은 바람 속에서 이적이 일어나듯이 일상생활을 통해, 평범한 것 같은 하루하루를 통해 우리에게 다가오십니다. 하나님은 매일매일의 삶 속에서 우리에게 말씀하시며, 우리의 기도를 들으시고, 우리의 그 기도를 이루시기 위해 우리의 환경을 천천히 바꿔놓고 계십니다.

어쩌면 지금 우리의 현재는 바람이 밤새 부는 밤과도 같습니다. 하나님을 의심하기도 했다가, 하나님을 향한 신뢰가 회복되기도 했다가, 또 불안해 떨기도 하는 그런 갈팡질팡하는 생활인지도 모릅니다. 그러나 분명 알아야 할 것이 있습니다. 그것은 하나님이 오늘도 나의 일상생활을 통해 말씀하시고, 또 기적을 이루고 계신다는 것입니다. 그리고 가장 적절하고 가장 필요한 시기에 우리가 깜짝 놀랄 만큼 모든 것을 바꿔놓으십니다.

기다림이 힘들고 속이 시원하지 않아도 밤새 하나님의 바람은 불고 있습니다.

왜 우십니까, 누구를 찾으십니까

예수님의 부활 사건이 일어났던 역사적인 현장에 가장 가까이 있었던 인물이 누구냐 한다면 우리는 단연 막달라 마리아를 떠올릴 수 있을 것입니다. 그다음으로 가까이 있었던 인물은 베드로를 비롯한 제자들이었습니다. 마리아는 부활의 현장에 있었던 사람이고, 제자들은 부활하신 예수님을 가장 먼저 만난 사람들입니다.

막달라 마리아는 갈릴리 서쪽의 막달라 지방에 살던 여인입니다. 일곱 귀신에 사로잡혀 정신적으로 육체적으로 시달림을 받다가 예수님을 만나 치유된 여인이었습니다. 그리고 그 은혜에 감사하며 평생을 산 여인이었습니다. 예수님이 돌아가실 즈음에는 갈릴리로부터 예루살렘까지 예수님을 좇아갔고 빌라도 법정에서의 재판, 골고다 언덕에서의 십자가형, 예수님의 임종, 시체의 매장까지 다 지켜본 유일한 사람이었습니다. 그리고 예수님이 부활하시던 날 아침에 향유를 가지고 무덤을 찾았던 여인이었습니다.

그녀에게는 이른 새벽에 주를 찾는 열정적인 신앙이 있었고, 300데나리온이나 되는 향유를 예수님의 머리에 부을 만큼 헌신적인 신앙이 있었으며, 죽음을 각오하고 예수님의 무덤을 찾았던 순교적 신앙이 있었습니다. 누가 봐도 아름다운 신앙의 소유자였습니다. 그러나 그녀의 신앙에는 문제가 하나 있었습니다. 그것은 그토록 신실한 신앙의 끝이 비통한 눈물을 흘릴 수밖에 없는 '절망'이었다는 점입니다.

막달라 마리아가 겪은 절망은 비단 마리아에게만 해당되지 않습니다. 그녀의 절망은 다름 아닌 우리의 모습에도 있습니다. 모든 것을 다 버려가며 열정으로 주님을 따랐지만 그 결과가 절망뿐이라면, 그녀의 신앙은 참된 신앙일까요?

우리에게는 열정이 있습니다. 잠을 자지 않고 먹지 않고 엎드리는 많은 기도가 있습니다. 우리에게는 헌신이 있습니다. 많은 시간과 물질을 바치며 주를 사랑하는 헌신이 있습니다. 우리에게는 순교의 각오가 있습니다. 욕을 먹어도 손해를 봐도 그것을 기쁨으로 감당하려는 마음이 우리에게는 있습니다. 그러나 그러다가도 가정의 문제, 경제적인 문제, 사업의 문제, 자녀의 문제, 인간관계의 문제가 크게 다가오면 가장 먼저 신앙을 버리게 됩니다. 신앙을 적용하려 해도 힘없는 죽은 신앙만 있을 뿐입니다. 울면서 아무 능력이 없는 죽은 예수만을 찾고 있는 것입니다.

열정과 헌신과 순교는 완성된 신앙의 모습처럼 느껴집니다. 그래서 교회는 교인들에게 열정을 소유하라 가르치고, 헌신하라 강요하며, 순교하라 독려하고, 그것이 바른 신앙생활이라고 강조하며 그 힘을 교회에 집중시키려 합니다. 교인들도 그것이 바른 신앙이라고 생각하지만 그것은 미완의 신앙입니다. 우리의 신앙이 완성되기 위해서는 한 가지가 부족합니다. 우리가 소유해야 할 신앙은 바로 부활의 신앙입니다.

도대체 부활의 신앙이 무엇이기에 부활을 접하지 않고서는, 부활을 느끼지 않고서는, 부활을 믿지 않고서는 우리가 갖고 있는 그 신앙, 우리가 갖고 있는 그 열정, 우리가 받아왔던 그 가르침이 아무 소용없는 것일까요? 도대체 부활의 신앙이라는 것은 무엇일까요?

◐ ◐ ◐

부활신앙은 주님이 내 안에 계셔서 나와 함께 사신다는 것입니다. 주님이 다시 사셔서 내 안에 들어오셨기 때문입니다. 삶의 크고 작은 문제 속에서 주님이 내 안에 계신다는 신앙은 우리에게 완성된 신앙의 모습을 가져다줍니다. 사망을 이기신 주님이 내 안에 계시기 때문에 반드시 선한 길로 인도하신다는 굳은 믿음이 있습니다. 이제는 내가 사는 것이 아니요, 내 안에 그리스도께서 사시는 것이라는 사실을 알고 있는 신앙입니다. 내 안에 그리스도께서 사신다면 그분은 반드시 나의 삶을 책임져주실 것입니다.

내가 그리스도와 함께 십자가에 못 박혔나니 그런즉 이제는 내가 사는 것이 아니요 오직 내 안에 그리스도께서 사시는 것이라 이제 내가 육체 가운데 사는 것은 나를 사랑하사 나를 위하여 자기 자신을 버리신 하나님의 아들을 믿는 믿음 안에서 사는 것이라 (갈 2:20).

부활신앙의 의미 중 제일 중요한 것은 우리가 이 땅에서의 모든 삶을 다 마치게 되면 다시 부활해 영원히 산다는 것입니다. 부활신앙이 없으면 죽음이 두렵습니다. 그러나 부활의 신앙이 있으면 가까이 있는 사람이 죽어도, 아니 내가 죽는다 해도 소망을 잃지 않습니다. 슬픔 중에도 슬픔을 이길 수 있는 위로를 얻게 됩니다. 부활의 신앙이 없다면 죽음이 견딜 수 없는 절망으로 다가오지만 부활의 신앙이 있으면 죽음도 이겨낼 수 있는 것입니다. 죽음이 끝이 아니기 때문입니다.

우리는 하나님을 믿는다고 하지만 어려움을 만나면 절망하고 좌절을 많이 느끼게 됩니다. 울며 주님을 찾게 됩니다. 그러나 부활을 믿지 못할 때에는 주님을 찾아도 죽은 예수님만을 찾게 됩니다. 죽은 예수님이라도 보려고 과거의 그 열정을 생각해보지만 죽은 신앙으로는 아무것도 할 수 없습니다. 그저 울 수밖에 없는 것입니다. 그러나 주님이 다시 살아나셨음을 믿는다는 것은 완전히 다른 삶을 말합니다. 부활하신 그리스도를 만나면 사정은 달라집니다. 다시 사신 그리스도께서 내 안에 오셔서 나의 모든 슬픔과 눈물을 없애주시기 때문입니다.

◐ ◐ ◐

"어찌하여 울며 누구를 찾느냐?" 주님의 이 음성을 듣고 계십니까? 신앙을 갖고 있다고 하지만 날마다 세상 걱정에 절망하는 우리에게 들려주시는 그 음성을 들어야 합니다. 하나님을 믿는다고 하지만 근심과 걱정이 있을 때는 주님을 부인하는 우리에게 들려주시는 예수님의 그 음성을 들어야 합니다. "어찌하여 우느냐?"

너희는 마음에 근심하지 말라 하나님을 믿으니 또 나를 믿으라 (요 14:1).

주님의 가르침을 믿고 따르는 것은 우리도 하나님 앞에서 선하게 살고 싶은 마음이 있기 때문입니다. 그러나 죽었던 주님이 다시 사셨다는 것을 믿는 것은 우리에게 모든 어려움을 이길 수 있는 힘과 소망을 줍니다.

약속과 징표

  여기, 죽을 만큼 큰 괴로움을 당한 한 사람이 있습니다. 비록 한 나라의 왕이라는 자리에 있는 사람이지만, 그는 지금 죽음을 앞에 두고 있는 사람입니다. 극도로 불안해하고 있으며 심한 압박감에 시달리고 있는 이 사람은 바로 유다의 왕 아하스입니다.

  그가 극도의 압박을 당하고 있는 이유는 이렇습니다. 당시는 북쪽에 강대국 앗시리아가 있었고 북 이스라엘과 남 유다, 그리고 아람이라는 나라가 작은 국가를 형성하고 있었습니다. 앗시리아가 워낙 강했기에 아람과 이스라엘은 유다와 더불어 동맹을 맺자고 제의했습니다. 이때 유다의 왕 아하스는 이들의 제의를 거절하고 앗시리아 쪽으로 붙어서 목숨을 부지해보려고 했습니다. 그러자 아람의 왕과 이스라엘의 왕이 아하스왕을 죽이려고 유다로 쳐들어왔습니다. BC 734년경의 사건입니다.

아하스는 말 그대로 진퇴양난에 빠지고 말았습니다. 이스라엘과 아람과 동맹을 맺자니 동맹군이라 해도 강대국 앗시리아와는 상대가 안 될 것이고, 앗시리아와 동맹을 맺자니 지금 당장 이스라엘과 아람의 손에 죽을 것이 뻔하기 때문입니다. 이래도 죽고 저래도 죽는 상황이 바로 유다의 왕 아하스에게 닥친 상황입니다. 그때 하나님이 아하스왕에게 하신 말씀입니다.

너는 네 하나님 여호와께 한 징조를 구하되 깊은 데에서든지 높은 데에서든지 구하라 하시니(사 7:11).

징조나 징표가 무엇입니까? 그것은 언약의 표입니다. 하나님은 거짓말을 하지 않으시기에 말씀만으로도 그 약속을 반드시 지키시는 분입니다. 그러나 의심이 많아 하나님을 믿지 못하는 인간에게 말로만 약속을 한다는 것은 힘든 일이라는 것을 하나님은 아셨습니다. 그래서 하나님은 그때마다 여러 가지 징조를 보여주어서 우리 인간이 하나님을 확실하게 믿을 수 있도록 해주셨던 것입니다. 그것이 바로 징표입니다.

이제 하나님이 아하스왕에게 이와 같이 징표를 보여주겠다 말씀하십니다. 그런데 그 징표가 좀 특별합니다. 그것은 노아에게 보여주신 무지개나 기드온에게 보여주신 이슬 젖은 양털 같은 것이 아니라 처녀가 잉태하여 아들을 낳는 것입니다.

그러므로 주께서 친히 징조를 너희에게 주실 것이라 보라 처녀가 잉태하여 아들을 낳을 것이요 그의 이름을 임마누엘이라 하리라(사 7:14).

처녀가 잉태하는 것은 기적입니다. 불가능한 일입니다. 그러나 그런 일이 일어난다면 그것은 하나님이 아하스왕과 함께하신다는 징표라는 것입니다. 그래서 그 이름 자체가 임마누엘, 즉 '하나님이 우리와 함께하신다'는 뜻이 되는 것입니다. 처녀가 잉태하는 것을 보면, 그리고 아들을 낳는 것을 보면 그것으로 하나님이 함께하신다는 것을 알게 된다는 것입니다. 참으로 귀한 징표가 아닐 수 없습니다.

그런데 이 징표는 아하스왕에게만 주시는 징표가 아닙니다. 이것은 바로 우리 모두에게 주시는 하나님의 징표입니다. 하나님은 우리에게 하나의 징표를 보여주셨습니다. 하나님이 나와 함께하신다는 아주 확실한 징표를 보여주신 것입니다. 그것은 처녀가 잉태한 그 자체입니다. 지금부터 약 2,000년 전에 이미 베들레헴에서 마리아라고 하는 한 처녀가 잉태하여 아들을 낳았습니다. 무엇을 말하는 것일까요? 하나님이 나와 함께하신다는 징표입니다. 그러니 어떤 어려움이 있어도 걱정하지 말라는 뜻입니다. 혹 죽을 일이 다가와도 염려하지 말라는 뜻입니다. 의심 많고 미련한 우리에게 보여주시는 하나님의 시청각적인 가르침입니다.

앞을 봐도 캄캄하고, 걸어온 길을 되돌아봐도 절망뿐이고, 옆을

봐도 한숨만 나오는 그런 상황이 우리에게도 있을 때가 있습니다. 그래서 괴로워하고 힘들어합니다. 그런데 우리에게는 하나의 징표가 있음을 잊어서는 안 됩니다. 처녀가 잉태하여 아들을 낳았다는 것입니다. 그리고 그 이름을 임마누엘이라 했다는 것입니다. 우리에게는 하나님이 함께하십니다. 그래서 두려움을 이겨낼 수 있습니다.

◐ ◐ ◐

어렸을 때 갖고 싶었던 물건이 하나 있었습니다. 그것은 암행어사의 마패입니다. 그때 텔레비전에서 암행어사에 대한 드라마를 했었는데 그 영향을 받은 것 같습니다. 한 낯선 사람이 어느 지방의 주막에서 밥을 먹는데 동네 불량배들과 시비가 붙었고 끝내 큰 싸움이 벌어집니다. 그 나그네는 아무런 잘못도 하지 않았음에도 누명을 쓰고는 관가의 감옥에 갇히게 됩니다. 그런데 그 사람, 걱정을 하지 않습니다. 입가에 미소가 있고 여유가 있습니다. 어려움 속에서도 그에게는 항상 여유 있는 웃음이 있습니다. 왜냐하면 그에게는 마패가 있기 때문입니다. 마패가 무엇입니까? 임금님의 권세가 그에게 있다는 징표가 아닙니까?

우리에게는 절망할 수 없는 징표가 하나 있습니다. 우리에게는 죽을 상황이 닥쳐도 죽을 수 없는 그런 징표가 하나 있습니다. 눈물을 흘릴 수 없는, 좌절할 수 없는, 두려워할 수 없는, 답답해할 수 없는 그런 징표가 하나 있습니다. 그 징표가 있기에 어떤 어려움이 닥쳐도 힘을 잃지 않습니다. 그것은 처녀가 아들을 낳았다는 것입니다.

뒤죽박죽 진퇴양난의 상황이 닥친다 할지라도 우리는 두려워하지 않습니다. 하나님이 나와 함께하신다는 믿음이 있기 때문입니다. 하나님이 나와 함께하신다는 것을 어떻게 알 수 있을까요? 그것은 하나님이 내게 주신 하나의 징표 때문입니다. 그 징표가 바로 내게 생명을 주고 힘을 얻게 해주는 것입니다.

처녀가 잉태하여 아들을 낳았습니다. 그것 하나면 우리는 다시 일어날 수 있습니다. 하나님이 항상 나와 함께하시기 때문입니다.

잡는 기도,
놓는 기도

　예수님은 죽은 나사로를 살리셨습니다. 나사로를 살리신 이 사건은 언뜻 보면 죽은 자를 살리신 일이 전부인 것 같습니다. 하지만 예수님이 우리에게 주고자 하신 메시지는 궁극적으로 '구원'이라는 것을 알 수 있습니다. 나사로를 살리시는 이적을 통해 우리에게 구원을 말씀하고 계시는 것입니다. 우리가 영원히 죽지 않는다는 것을 말씀하시는 것입니다. 우리는 예수님이 죽은 자를 살리시고, 병든 자를 고치시고, 귀신 들린 자를 놓아주신 이적에 관심이 많습니다. 그러나 주님은 이적이 목적이 아니라 그런 이적을 통해 우리에게 구원을 말씀하고 계시는 것입니다.

　예수님이 이 땅에 사시는 동안 죽은 사람을 살리신 것은 총 세 번이었습니다. 나사로, 회당장 야이로의 딸, 그리고 나인성 과부의 아들입니다. 또한 수많은 병자를 고쳐주셨습니다. 그러나 그들은 모두 죽었고, 죽었다가 살아난 사람들도 다시 죽었습니다. 이 땅에서의 우리 삶은 언젠가 끝이 나게 되어 있습니다. 성경에서 말하는 것은 끝이 있는 삶이 아니라 영원히 사는 것입니다. 죽어도 사는, 그래서 영원히 사는 구원을 말하는 것입니다. 이는 예수님이 나사로를 살리는 이적을 행하시면서 다음의 말씀을 가장 강조하고 계셨다는 것에서 알 수 있습니다.

> 예수께서 이르시되 나는 부활이요 생명이니 나를 믿는 자는 죽어도 살겠고 무릇 살아서 나를 믿는 자는 영원히 죽지 아니하리니 이것을 네가 믿느냐(요 11:25-26).

하나님이 창조 때부터 인간에게 주신 달란트가 하나 있습니다. 그것은 바로 이름을 짓는 것입니다. 하나님이 창조하신 동물들의 이름을 아담이 지은 것을 보면 그의 능력이 참으로 대단하다는 것을 알 수 있습니다. 하나님은 그 달란트를 다시 거두어가지 않으신 것 같습니다. 그래서 사람은 지금도 무엇이든지 이름을 지으려 합니다. 아담은 사람을 대표합니다. 지금이야 새로 이름을 지어야 할 동물이 없지만, 사람들은 새로운 상황을 보면서 이름을 지으려고 합니다. 그것이 인간의 버릇입니다. 언제나 자신이 결정을 하려 합니다.

돈이 없으면 '못 산다'는 이름을 붙였습니다. 얼굴이 못생겼으면

'못났다'는 이름을 붙였습니다. 사업이 잘 안되면 '실패했다'고 말을 합니다. 원하는 학교에 입학을 하지 못했으면 '불행'이라고 말을 합니다. 건강을 잃고 병이 들면 '불쌍하다'고 말합니다. 불행한 상황, 불쌍한 상황을 사람이 이름 붙이고 결정해버립니다. 자신이 결정을 해놓고 그 안에서 스스로 기뻐하기도 하고 힘들어하기도 합니다. 하지만 이것은 하나님이 기뻐하시는 삶이 아닙니다.

집이 없고, 돈이 없고, 병이 나고, 배운 것이 없으면 사람들은 잘못 사는 것이라고 말합니다. 그것이 절망적인 상황이라고 말합니다. 그러나 하나님의 시각은 다릅니다. 하나님은 그렇게 말씀하시지 않습니다. 하나님은 우리에게 구원을 주셨습니다. 그 구원을 알게 하시기 위해 이적을 베푸셨던 것입니다. 더 가치 있는 것을 주시기 위해 덜 가치 있는 것을 사용하신 것입니다. 그러나 우리는 하나님이 구원을 알게 하기 위해 베푸신 이적은 '축복'이라 여기는 반면, 축복 그 자체인 '구원'에는 별 매력을 느끼지 않습니다. 매우 이상한 현상이 벌어지고 있습니다.

세상 사람들은 집이 있어야 한다고 야단입니다. 또 집이 있는 사람들은 더 넓은 집과 넉넉한 돈이 있어야 한다고 합니다. 그러나 하나님의 사람들은 집이 없어도 행복하게 살 수 있다는 것을 보여주는 고집이 있어야 합니다. 우리에게는 하나님이 주신 구원이 있기 때문입니다. 세상 사람들은 모두 집, 집, 집 합니다. 돈, 돈, 돈

합니다. 그러기에 집이 없어도 잘 살 수 있다는 것을 증명해주는 하나님의 사람들이 많아야 합니다. 돈이 없어도 행복하게 살 수 있다는 것을 보여주는 사람이 많이 있어야 합니다. 하나님이 주시는 대로, 인도하시는 대로, 우리를 자녀 삼아주심에 감사하면서 하나님 자녀의 권세를 갖고 이 땅을 살아야 합니다.

모든 것은 하나님이 주십니다. 하나님은 언제나 정확하십니다. 그리고 우리를 영원한 삶으로 인도하십니다. 우리는 그 하나님을 신뢰해야 합니다. 신뢰는 기독교의 주변적 가르침이 아니라 실제적 핵심입니다. 삶의 모든 문제를 풀어주는 핵심인 것입니다.

◉ ◉ ◉

존 캐버너프(John Kavanaugh)라는 윤리학자가 인도 콜카타에 '죽어가는자들의집'에 3개월간 봉사하러 갔습니다. 그는 자신의 여생을 보람차게 보낼 최선의 길을 찾는 중이었습니다. 그는 그곳에서 봉사를 하면서 마더 테레사 수녀(Mother Teresa)에게 기도 부탁을 했습니다. 테레사가 물었습니다.

"뭐라 기도해드릴까요?"

"예, 확실한 답을 얻도록 기도해주십시오."

그때 마더 테레사 수녀는 이렇게 대답했습니다.

"확실한 답이야말로 우리가 붙들 것이 아니라 오히려 놓아야 합니다. 확실한 답이 내게는 있어본 적이 없습니다. 늘 내게 있는 것은 바로 하나님을 믿는 신뢰입니다. 그러니 당신도 하나님을 끝없이 신뢰하도록 기도해드리겠습니다."

잡는 기도와 놓는 기도가 있습니다. 잡는 기도를 '의뢰'라 한다면 놓는 기도는 '신뢰'라고 할 수 있습니다. 하나님은 우리에게 이 신뢰를 요구하십니다. 우리는 돈이 더 많으면 좋겠고, 더 건강하면 좋겠고, 더 오래 살면 좋겠고, 고통이 없으면 좋겠다고 생각합니다. 그런 축복을 주님께 바라고 의뢰합니다. 하나님이 우리의 삶 속에서 필요한 것을 채우시고 우리 인생의 길목에서 더 편한 길로 우리를 이끄시는 것도 중요합니다. 하지만 무엇보다 영원한 삶을 살 수 있도록 구원을 주신 하나님을 신뢰해야 합니다. 왜냐하면 제일 좋은 것을 주시기 위해 오늘도 선한 일을 계획하시는 하나님이기 때문입니다.

소원을 의뢰하렵니까? 아니면 제일 좋은 것을 주시기 위해 계획하시는 하나님을 신뢰하렵니까? 하나님을 신뢰할 때 우리는 하나님이 주시는 더 깊은 평안을 누리게 됩니다.

부활이 주는 소망

가끔 우리는 주변에 선하게 사신 분들이 일찍 생을 마감하는 것을 접하게 됩니다. 이런 분들이 이 땅에서 짧은 생을 마감하면 가족은 물론이고 이를 목도한 이들은 말할 수 없는 안타까운 심정을 토로합니다.

"정말 선하게 살았는데……."
"정말 열심히 살았는데……."
"왜 하나님은 이들을 빨리 데려가실까?"

우리는 아직 믿음이 약해서 이럴 때 하나님을 향한 많은 원망과 의문이 생기기 마련입니다. 우리에게 부활의 소망이 없다면 일찍이 세상을 떠난 분들은 불쌍한 자들일 것입니다. 고생만 하다가 이 세상에서 삶을 마감한 분들은 더없이 불쌍한 자들일 것입니다.

만일 그리스도 안에서 우리가 바라는 것이 다만 이 세상의 삶뿐이면 모든 사람 가운데 우리가 더욱 불쌍한 자이리라(고전 15:19).

그러나 이 기준으로 볼 때 가장 불쌍한 삶을 사신 분은 바로 예수님이십니다. 우리도 불쌍한 사람들이지만 예수님은 더욱 불쌍한 사람이 되실 것입니다. 아무 죄도 없는 분이 평생 남들을 위해 좋은 일만 하신 것뿐인데, 후에 높은 분들에 의해 붙잡혀 끌려 다니면서 고문을 당하다가 33세의 젊은 나이에 십자가에서 처참하게 죽으셨기 때문입니다.

악이 선을 이기고, 불의가 의를 이긴다면, 만약 그것이 이 세상 삶의 법칙이라면 인간 세상은 더 이상 소망이 없을 것입니다. 우리는 좀 더 악하게 살아야 하는 것이고, 우리는 좀 더 불의한 방법으로 사는 방법을 배워야 할 것입니다. 그리고 우리 자녀들을 좀 더 강한 사람으로 키워야 합니다. 공부를 잘해 권세 있는 높은 자리에 올라가도록 해야 할 것이고, 학력으로 그런 자리에 올라가지 못한다면 하다못해 주먹질 잘하는 아이로라도 키워 세상 사람들과의 싸움에서 이기도록 해야 할 것입니다. 그것이 잘 사는 방법이 될 것입니다.

그러나 우리가 그렇게 살지 않는 이유는 무엇일까요? 그것이 옳지 않다고 생각해 그릇된 방법으로 자녀를 키우지 않은 이유는 무엇일까요? 때로는 손해를 보더라도 선하게 살려고 발버둥치는 이유는 무엇일까요? 그것은 주께서 부활하셨기 때문입니다. 예수 그리스도께서 부활하심으로 인해 선으로 악을 이기셨고, 의로 불의를 이기셨기 때문입니다. 예수님이 부활하심으로 악한 사람들이 만들어놓은 세상의 모든 가치관을 바꿔놓으셨기 때문입니다. 흔히 부활을 믿는 것은 노인들이나 이제 곧 죽음을 앞둔 병든 자에게만 필요하다고 생각합니다. 그러나 그렇지 않습니다. 부활신앙은 우리 모든 사람에게 필요합니다. 왜냐하면 그것은 우리 삶의 가치관과 자세를 결정해주기 때문입니다.

◌ ◌ ◌

부활의 의미는 생명이 죽음을 이긴다는 것입니다. 사람들은 생명이 죽음 앞에서는 무력하다고 생각합니다. 생명은 소중하지만 죽음에 이르는 병을 얻게 되면 생명은 그 힘을 발휘하지 못한다고 생각합니다. 사람의 생명이 끈질기다고 말을 하지만 결국 죽음이 승리한다고 알고 있습니다. 그러나 주님이 주시는 생명은 죽음을 이깁니다. 죽음으로 끝나지 않고 다시 살기 때문입니다.

그래서 우리는 죽음을 앞둔 믿음의 사람들에게 다시 만날 것을 약속하며 인사합니다. 그냥 위로의 말들이 아닙니다. 죽음을 앞둔 사람들에게 할 말이 없어 하는 얘기가 아닙니다. 그것은 우리의 신실한 고백입니다. 우리 모두는 이제 곧 다시 만나기 때문입니다. 죽음으로 끝이 나는 것이 아니라 우리는 모두 죽음을 이기고 다시 살기 때문입니다. 죽지 아니하고 영원히 살기 때문입니다.

부활의 의미는 선이 악을 이긴다는 것입니다. 영화〈배트맨〉의 배경이 되는 고담시는 악이 지배하는 공상 속의 도시입니다. 작가는 이 공상 속 도시가 사실은 우리가 살고 있는 곳이라는 것을 말하고자 합니다. 우리는 악이 지배하는 세계에서 살고 있습니다. 그래서 선이 좀처럼 기를 펴지 못하고 있습니다. 언제나 선은 악에게 힘없이 무릎을 꿇는 것같이 보입니다.

예수님은 선하셨습니다. 연약해 보이기까지 하신 예수님은 언제나 악에게 지는 것같이 보였습니다. 그러나 악한 사탄의 시험을 부활로 멋지게 이기셨습니다. 예수님은 부활하심으로 악을 한 번에 제압하신 것입니다. 결국 선이 이김을 보여주셨습니다. 아직도 악이 이길 것이라고 여기는 것은 부활을 믿지 못하는 사람들의 생각입니다.

부활의 의미는 사랑이 미움을 이긴다는 것입니다. 예수님은 미움에 의해 죽음에 이르렀습니다. 유대인들의 미움, 유대교 지도자들의 미움, 헤롯왕의 미움, 로마 군인들의 미움으로 죽으셨습니다.

미움은 사람을 죽게 합니다. 그러나 예수님은 그들을 사랑하셨습니다. 그들의 미움을 미움으로 대하지 않으셨습니다. 예수님은 그들을 똑같이 미워하지 않으셨습니다. 오히려 자신을 미워하는 것은 그들이 자신들의 죄를 알지 못하기 때문이라고 안타까워하셨습니다. 상대의 미움을 사랑으로 대하신 예수님의 승리입니다. 사랑은 언제나 미움을 이깁니다. 부활이 주는 중요한 의미입니다.

부활의 의미는 진실이 거짓을 이긴다는 것입니다. 예수님은 유대교 지도자들의 온갖 거짓 증언에 의해 죽으셨습니다. 그들은 죄 없는 예수님을 죽이려고 모의를 한 사람들입니다. 빌라도만이 오히려 죄를 발견하지 못했다고 말할 정도로, 당시의 모든 권세자가 예수님이 죄인이라고 함께 입을 맞춰 거짓말을 했습니다. 예수님을 죽이려고 모의했고, 로마에서 온 빌라도에게 자신들의 계략에 동조하지 않으면 로마 황제에게 이르겠다고 협박까지 했습니다. 결국 빌라도는 예수님을 죽이도록 내어주었습니다. 거대한 거짓 속에 결국 동조하고 말았습니다. 진실하게 사셨던 예수님은 이렇게 거짓된 사람들에 의해 죽으셨습니다.

그러나 예수님의 부활은 극적인 반전을 보여줍니다. 이는 진실이 거짓을 반드시 이긴다는 것을 보여주는 것입니다. 우리는 언제나 거짓이 이길 것으로 생각하지만 아닙니다. 예수님은 부활로써 진실이 거짓을 이긴다는 것을 보여주셨습니다.

예수님이 부활하셨다는 것은 우리도 누구나 다시 살 수 있음을 암시해줍니다. 우리가 다시 살 수 있다는 것은 단순히 천국에서 다시 만나는 것만을 의미하지 않습니다. 그것은 우리가 이 땅을 살아갈 때 가져야 할 삶의 기준이요, 자세를 의미합니다. 생명이 사망을 이긴다는 것이고, 선이 악을 이긴다는 것이고, 사랑이 미움을 이긴다는 것이며, 진실이 거짓을 이긴다는 것입니다. 그 가치관을 심어주시기 위해 주님은 죽음을 이기고 부활하셨습니다.

여전히 이 세상을 살아가기가 녹록지 않고, 악한 사람들 가운데 살아가기가 힘들지만, 그럼에도 언제나 믿음의 사람들은 승리한다는 소망을 갖고 살아야 합니다. 왜냐하면 주님이 부활하셨기 때문입니다.

일상 속에
숨겨진 천국

옛날 이스라엘 사람들이 돈이나 보물 같은 재산을 보관할 때 가장 선호했던 안전한 방법은 '땅에 묻어두기'였습니다. 마태복음 25장의 달란트 비유에서 한 달란트 받은 사람이 돈을 땅에 묻어두는 장면이 나오는데, 그것은 악한 행동이 아니라 이스라엘 사람들에게는 흔한 일상이었습니다. 이스라엘 랍비의 가르침에 "돈을 숨기기에 가장 안전하고 유일한 방법은 땅에 묻는 것이다"라는 말이 있을 정도입니다.

돈에 대해 가장 애착을 많이 갖는 이스라엘 사람들에게 그런 문화가 생기게 된 이유는 팔레스틴 지역이 세계에서 가장 전쟁을 많이 치른 지역이기 때문입니다. 그들은 전쟁의 위협이 느껴지거나 전쟁이 시작되면 도망가기 전에 먼저 돈을 땅에 숨겼습니다. 그래서 이스라엘 문화에서는 유독 보물이 땅속에서 발견되는 일이 많았고 일상생활에서도 이런 일들이 자주 생겨 사람들 사이에 소유를 놓고 시시비비가 끊이지 않았습니다. 따라서 랍비들이 '발견한 자가 주인이 된다'는 유대교 법을 정할 정도였습니다. 이런 배경 속에서 예수님은 천국에 대한 설명을 이렇게 해주셨습니다.

> 천국은 마치 밭에 감추인 보화와 같으니 사람이 이를 발견한 후 숨겨 두고 기뻐하며 돌아가서 자기의 소유를 다 팔아 그 밭을 사느니라(마 13:44).

또 하나의 비유는 진주에 대한 말씀입니다. 오늘날 진주는 보석으로서의 가치가 예전만 못하지만 옛날 이스라엘에서는 어떤 보석보다 귀한, 금전적 가치와 미적인 가치가 함께 있는 보물 중의 보물로 여겨졌습니다. 진주는 소유의 기쁨과 보는 기쁨을 함께 주는 보물로 많은 사람의 사랑을 받았습니다. 고대 사람들은 진주를 신비한 물건이라고 불렀을 정도입니다.

> 또 천국은 마치 좋은 진주를 구하는 장사와 같으니 극히 값진 진주 하나를 발견하매 가서 자기의 소유를 다 팔아 그 진주를 사느니라(마 13:45-46).

예수님이 이 두 가지 상황을 통해 말씀하시고자 하는 가장 중요한 교훈은 천국이 모든 것을 팔아 소유할 만한 가치가 있다는 것입니다. 전 재산을 팔아 사고 싶은 것이 있습니까? 모든 재산을 팔아 하고 싶은 일이 있습니까? 인간은 더 좋은 가치를 찾아다니는 존재이기 때문에 더 좋은 것을 발견할 때 언제든지 덜 좋은 것을 버릴 수 있습니다. 우리의 모든 판단, 결정, 선택은 가치에 따라 이루어집니다. 더 가치 있는 것을 얻기 위해 덜 가치 있는 것을 포기하는 것입니다. 그렇다면 그 천국을 얻기 위해 우리가 해야 할 일은 무엇일까요? 전 재산을 버려야 할까요? 아닙니다.

밭에서 일하던 사람은 보화를 발견하려고 밭을 일구지 않았습니다. 열심히 밭을 일구다가 보화를 발견했습니다. 진주 장사가 할 수 있는 최선은 좋은 진주를 찾는 것입니다. 그것이 진주 장사가 해야 할 본연의 임무입니다. 그는 자신의 일을 열심히 하던 중에 가장 값진 진주를 발견하게 되었습니다. 그러기에 일상생활은 소중합니다. 자신에게 맡겨진 매일매일의 일에 최선을 다할 때 천국이 나타나는 것입니다. 작은 일에 최선을 다할 때, 내게 맡겨진 일에 최선을 다할 때 거기에 천국이 나타난다는 것입니다.

◦ ◦ ◦

러시아의 서북부 도시 상트페테르부르크에는 세계 3대 박물관 중 하나인 에르미타주(Hermitage)가 있습니다. 그곳에는 네덜란

드 출신으로 세기를 대표하는 사실주의 화가인 렘브란트 반 레인(Rembrandt Van Rijn)의 그림이 많이 있습니다. 거기 그의 대표작이라 할 수 있는 〈탕자의 귀향〉(1668년 작)이 매우 유명합니다. 고생해서 아버지보다 더 늙어 보이는 아들, 한눈에 봐도 평생 아들을 기다리며 속이 다 타버렸다는 것을 알 수 있는 아버지의 모습은 매우 감동적이어서 보는 이의 가슴을 저미게 합니다.

그런데 그 그림은 바로 렘브란트 자신이 겪고 있던 거친 고난의 시간 속에 그려진 그림이었습니다. 그는 일찍 성공해서 젊어서부터 부와 명예와 인기를 누리고 살았지만 인생의 황혼기에는 그 모든 것을 잃은 사람이었습니다. 사랑했던 두 아내를 잃고, 한 아이를 뺀 모든 자녀를 잃고, 전 재산과 명예와 인기를 다 잃고, 거대한 외로움과 사람들의 배신으로 쓰라린 상처와 분노 가운데 있었을 때, 그래서 원한에 찬 삶을 산다 해도 이상할 것이 없는 처지였을 때, 그때에 하나님의 사랑을 사실적으로 가장 잘 표현해 렘브란트 최고의 걸작 〈탕자의 귀향〉을 그릴 수 있었습니다. 왜냐하면 그는 고통 중에 하나님의 은혜를 발견했기 때문입니다. 그전에는 느끼지 못했던 하나님의 무한한 사랑을 느낄 수 있었기 때문입니다.

우리가 혹 지금 고난과 고통 중에 있다 할지라도 낙심하지 말 것은 그 시간이 천국을 소유하는 과정이 되기 때문입니다. 우리가 아무리 힘들고 어려운 시련을 당한다 해도 그저 고통으로 끝나는 것이 아닙니다. 고통과 고난은 삶의 목적이 아니기 때문입니다. 그것은 우리로 하여금 천국을 발견하게 해줍니다. 하나님이 준비하신 천국을 고난 중에 발견하게 되는 것입니다. 렘브란트는 그렇게 삶을 살았던 사람이고, 그런 믿음의 사람은 우리 주변에서 많이 볼 수 있습니다.

천국은 모든 것을 다 팔아서도 살 만한 가치가 있습니다. 우리가 소유한 모든 것보다 더 큰 가치가 있기 때문입니다. 그 천국이 어디에 있을까요? 우리의 일상생활 속에 있습니다. 그 천국을 발견하기 위해서 일상생활에 최선을 다해야 할 것입니다. 그리고 우리의 고난은 천국을 발견하는 통로입니다. 하나님의 천국이 나도 모르는 사이 우리의 소유가 되어 있을 것입니다.

우리의 일상에 천국은 이미 있습니다.

이만한
믿음

    구한말 호머 헐버트 박사(Homer Hulbert, 1863-1949)는 그의 저서 『조선제국 멸망사』에서 "조선인의 종교심을 알아보기는 대단히 어렵다. ……조선 사람들은 사회적으로는 유교, 철학적으로는 불교, 고난을 당할 때는 미신적이 된다. ……진정한 종교가 무엇인지를 알기 위해서는 그가 고난을 당할 때 어느 쪽으로 기우는가를 살펴보면 된다"고 했습니다.

    헐버트 박사는 "무속 신앙의 기본 정신이란 자신은 그대로 있으면서 신의 마음을 돌이키려 하는 것"이라고 정의하면서 돈을 통해, 때로는 음식을 통해, 때로는 굿이라는 의식을 통해 신을 어르고 달래서 자신에게 미치는 액운을 면하거나 소원을 성취하려는 것이라고 덧붙였습니다. 즉 자신의 변화에는 관심이 없고 신의 변화에 초점을 두는 것입니다.

그러나 '기독교의 신앙'은 절대자이신 하나님 앞에서 자기 자신이 거듭나고 변화되려는 데 그 기본 정신이 있습니다. 하나님의 능력을 이용해 자신의 뜻을 이루려는 것이 아니라 도리어 자신의 뜻을 버리고 거룩하신 하나님의 뜻을 찾아 자기의 삶으로 실천하려는 것이 기독교 신앙의 목적입니다. 그래서 기독교에서는 자기 부인, 권리 포기, 내려놓음이 필수적으로 수반됩니다.

◐ ◐ ◐

그리스도의 장성한 분량이 충만한 데까지 이르는 것, 그것을 우리는 성화라고 합니다. 그래서 그리스도인들은 예수 믿고 시간이 지날수록 이 성화의 단계가 더욱 높아져야 합니다. "내가 예수 믿은 지 10년, 20년이 되었다", "내가 이 교회에 다닌 지 30년, 40년이 되었다"라는 말은 내가 교회의 주인임을 강조하는 말이 되어서는 안 되고 그만큼 거룩한 삶을 살아야 한다는 것을 의미하는 말이 되어야 합니다.

그래서 기독교의 믿음이라는 것은 예수님을 믿는 것과 예수님으로 인한 삶의 변화를 함께 말합니다. 이것을 우리는 믿음이라고 말합니다. 왜냐하면 믿음은 행동으로 나타날 때 비로소 믿음이기 때문입니다. 예수님이 산상수훈을 통해 가르쳐주신 것이 바로 그 교훈인 것입니다.

예수님은 마태복음 5장 산상수훈에서 믿음을 가르치신 후 바로 8장에서 가버나움의 백부장 이야기를 하시면서 믿음이 좋다는 것이 무엇인지를 보여주셨습니다. 가버나움에 주둔해 있던 로마군의 백부장 집 하인이 중풍에 걸렸습니다. 그런데 로마인임에도 백부장에게는 하나님을 믿는 믿음이 있었습니다. 아마 유대 땅에 주둔해 있으면서 유대인들이 믿었던 하나님을 알게 된 것 같습니다. 그런데 그의 믿음이 얼마나 순수했던지, "예수님이 말씀만 하시면 제 하인이 낫겠습니다"라는 말을 할 정도였습니다. 그런 백부장을 예수님은 "이스라엘에서 이만한 믿음을 보지 못했다"며 크게 칭찬하셨습니다.

당시 로마의 백부장은 주인이고 그의 하인은 노예 신분이었습니다. 로마법에 의하면 "주인은 노예의 생사를 주관할 권리가 있다"고 쓰여 있을 만큼 노예의 인격이란 전혀 고려되지 않았습니다. 바로(Varo)라는 로마의 저술가가 쓴 농업에 대한 설명을 보면, 노예를 농업을 돕는 도구 중에 '언어를 가진 농기구' 정도로 이해하고 있었던 시대라는 것을 알 수 있습니다. 그런 사회적인 상황에서 백부장이라는 높은 신분의 주인이 하인의 병을 염려해준 것을 보면 가버나움의 백부장은 자신의 노예를 사랑하고 아낄 줄 아는 특별한 인물임이 틀림없습니다.

지금 예수님은 백부장의 믿음을 거론하시며 두 가지를 말씀하시고자 합니다. 그에게서 말씀만 하시면 말씀대로 이루어질 것이라는 신앙과, 하찮은 노예지만 그의 병을 염려해주는 사랑, 이 두 가지를 함께 보며 '이만한 믿음'이라는 표현으로 칭찬하신 것입니다. 하나님은 하나님에 대한 전적인 신뢰와 하나님을 믿음으로 인한 성화의 모습을 다 포함해 믿음이라고 말씀하십니다.

> 여호와여 주의 장막에 머무를 자 누구오며 주의 성산에 사는 자 누구오니이까 정직하게 행하며 공의를 실천하며 그의 마음에 진실을 말하며 그의 혀로 남을 허물하지 아니하고 그의 이웃에게 악을 행하지 아니하며 그의 이웃을 비방하지 아니하며 그의 눈은 망령된 자를 멸시하며 여호와를 두려워하는 자들을 존대하며 그의 마음에 서원한 것은 해로울지라도 변하지 아니하며 이자를 받으려고 돈을 꾸어 주지 아니하며 뇌물을 받고 무죄한 자를 해하지 아니하는 자이니 이런 일을 행하는 자는 영원히 흔들리지 아니하리이다(시 15:1-5).

하나님이 누구를 기뻐하시고 누구와 함께하시는지를 가르쳐주는 말씀입니다. 작은 일에 정성을 다하고, 작은 자에게 따뜻한 사랑을 품을 줄 아는 사람에게 하나님은 나타나신다고 약속하십니다.

◐ ◐ ◐

우리가 주님께로부터 '이만한 믿음'이라는 칭찬을 듣지 못한다면 그것은 하나님이 말씀만 하시면 그대로 된다는 믿음은 있지만 하나님의 자녀로서의 거룩한 변화는 일어나지 않기 때문일 것입니다. 우리에게 필요한 것은 두 가지 모두입니다. 말씀대로 이루어지리라는 확신도 필요하고, 또 그 말씀대로 변화되는 삶의 모습도 필요합니다. 이 두 모습이 우리 안에서 삶으로 나타날 때 하나님은 우리에게 '이만한 믿음'이라는 칭찬을 해주실 것입니다.

늘 언제나, 늘 가까이

중국 전국시대에 편작(編鵲)이라는 의원이 있었습니다. 죽은 사람도 살려내는 명의라고 명성이 자자했던 그는 삼 형제 모두가 의원인 집의 막내였습니다. 하루는 왕이 편작을 불러 묻습니다.

"삼 형제가 다 의원인데, 네 생각에는 누가 최고의 의원이라고 생각하는가?"

"예, 물론 큰형님이 최고입니다. 저는 큰형님에 비하면 정말 부끄러운 의원입니다."

왕이 다시 묻습니다.

"그렇다면 큰형이 유명해지지 않고 왜 네가 유명해진 것이냐?"

그때 편작이 이렇게 설명합니다.

"큰형님은 환자의 얼굴만 봐도 무슨 병인지 압니다. 그래서 병의 원인을 근본적으로 치료합니다. 환자는 아프지 않으니 고마운 줄 모릅니다. 둘째 형님은 환자의 증세가 미미하게 나타났을 때 그 병을 알고는 치료해줍니다. 환자는 고맙게 생각하지만 누구나 다 고칠 수 있는 것이라 생각합니다. 저는 병이 커져서 환자가 고통을 느끼고 죽을 때가 되어서야 비로소 그 병을 압니다. 그래서 독한 약을 써가면서, 때로는 수술도 하면서 치료를 합니다. 환자는 그것을 모르니 저를 정말 좋은 의원이라고 생각하는 것입니다."

세 명의 의원 중 누가 제일 병을 잘 고치는 명의일까요? 물론 편작의 말대로 큰형님이 명의입니다. 그것은 조금만 생각이 있는 사람이면 누구나 다 알 수 있습니다.

그렇다면 우리는 하나님의 은혜에 대해서도 같은 시각으로 생각해볼 필요가 있습니다. 우리는 '하나님의 은혜'라는 말을 참 많이 사용하는데 무엇이 하나님의 은혜일까요? 사실 우리는 하나님의 은혜에 대해, 평범한 중에 받고 있는 하나님의 은혜에 대해 별로 의식하지 못하며 살아갑니다. 내가 누리고 있는 것을 당연히 주어지는 것처럼 생각할 때가 많이 있습니다. 그러니 감사할 것이 없습니다. 죽을 지경에서 살아나야만 감사한 것일까요? 망할 지경에서 다시 일어나야만 감사한 것일까요? 아닙니다. 무사하다는 것, 평범하다는 것, 또 하루를 살았다는 것, 그 속에 하나님의 은혜가 있습니다.

◐ ◐ ◐

감사의 마음을 갖는 것은 단지 의지로 되는 것이 아닙니다. 감사의 마음을 갖기 위해서는 두 가지의 문제가 먼저 해결되어야 합니다. 하나는 무엇을 감사할 것인가의 문제이고, 또 하나는 왜 감사해야 하는가의 문제입니다. 이 문제들이 해결되면 우리는 자연적으로 감사할 수 있습니다. 하나님은 이스라엘 백성에게서 감사의 제사를 받고 싶어 하셨습니다. 이스라엘 백성이 하나님께 감사하기를 바라셨던 것입니다. 그러나 하나님은 무턱대고 감사하라고 하지 않으셨습니다. 무엇을 감사해야 하는지, 왜 감사해야 하는지 그 이유를 먼저 이스라엘 백성에게 알려주셨습니다.

> 너희가 건너가서 차지할 땅은 산과 골짜기가 있어서 하늘에서 내리는 비를 흡수하는 땅이요……연초부터 연말까지 네 하나님 여호와의 눈이 항상 그 위에 있느니라(신 11:11-12).

무엇을 감사해야 할까요? '산과 골짜기'는 우리 인생의 고난을 말하는 것이고, '하늘에서 내리는 비'는 하나님의 은혜를 말합니다. 즉 고난과 역경은 우리에게 하나님의 사랑과 은혜를 알 수 있게 해 준다는 말입니다. 그리고 왜 감사해야 하는가에 대한 답은 하나님이 언제나 우리와 함께하시기 때문이라고 합니다. 성경은 그것을

'연초부터 연말까지'라는 말로 표현하고 있습니다.

하나님의 도우심의 손길은 매일매일 생활 중에 이어집니다. 그 손길은 우리도 모르는 사이에 작은 일부터 큰 일까지 우리 주위를 감싸고 있습니다. 영적으로 민감한 사람은 바로 그 하나님의 손길을 느낄 수 있는 사람입니다. 그리고 그 은혜를 느낄 수 있는 사람은 참으로 하나님께 감사할 줄 아는 사람입니다. 진정 그 하나님을 느끼십니까? 그리고 감사하십니까?

죽을 일을 당해야 하나님께 매달리시나요? 망할 일을 당해야 하나님을 찾으시나요? 아닙니다. 하나님은 연초부터 연말까지 언제나 우리 곁에 계십니다. 늘 우리와 함께하십니다. 그래서 우리를 인도하십니다. 고통 중에도 함께하시고, 평범한 일상 중에도 함께하십니다. 그래서 그것 자체가 감사의 조건입니다. 살려주셨기 때문에 감사한 것이 아니라, 낫게 해주셨기 때문에 감사한 것이 아니라, 많은 것을 갖게 해주셨기 때문에 감사한 것이 아니라 주님이 함께하신다는 것 자체가 감사한 것입니다. 그래서 우리가 살고 있는 것입니다.

내가 산을 향하여 눈을 들리라 나의 도움이 어디서 올까 나의 도움은 천지를 지으신 여호와에게서로다 여호와께서 너를 실족하지 아니하게 하시며 너를 지키시는 이가 졸지 아니하시리로다 이스라엘을 지키시는 이는 졸지도 아니하시고 주무시지도 아니하시리로다 여호와는 너를 지키시는 이시라 여호와께서 네 오른쪽에서 네 그늘이 되시나니 낮의 해가 너를 상하게 하지 아니하며 밤의 달도 너를 해치지 아니하리로다 여호와께서 너를 지켜 모든 환난을 면하게 하시며 또 네 영혼을 지키시리로다 여호와께서 너의 출입을 지금부터 영원까지 지키시리로다(시 121:1-8).

우리가 눈을 들어 봐야 할 것은 무엇일까요? 귀를 열어 들어야 할 음성은 무엇일까요? 그것은 언제나 나와 함께하시는 하나님의 손길, 하나님의 음성입니다. 그 하나님의 손길을 먼저 보고, 하나님의 음성을 먼저 듣고, 언제나 모든 것을 이끌어주시는 하나님께 감사해야 합니다.

하나님은 연초부터 연말까지 우리와 함께하십니다.

바뀌어야 합니다. 시간이 지날수록, 예수와의 만남이 오래될수록
우리는 더 낮아지고, 더 작아져야 합니다.
그래서 "나는 죄인 중에 괴수입니다",
"용서받지 못할 이 죄인을 구원해주셔서 감사합니다"라고만
고백하며 주님께 나아가야 합니다.

Part 2

'내가 제자로 사는 것일까'
고민하는 당신에게

믿음보다
자세

옛 신라를 대표하는 큰 사찰 두 곳이 있었습니다. 한 곳은 사찰에 식솔이 얼마나 많은지 가마솥이 커서 이름을 '대부사'라 했고, 다른 한 곳은 승려와 사람들이 하도 많아 사찰 내에 있는 변소를 깊이 만들어 '변심사'라 이름했습니다. 두 사찰 모두 그 외형적 크기를 자랑삼는 곳이었습니다. 그래서 언제나 두 사찰은 경쟁을 했습니다.

하루는 두 사찰이 매일 경쟁만 하는 것이 옳지 못하다 생각해 두 사찰의 주지승들이 서로 협력하고자 마음먹게 됩니다. 협력을 위해 대표를 선발해 정한 시간, 정한 장소에서 회의를 하기로 했는데, 첫 만남에서부터 양측 대표들은 서로 자신들의 사찰이 크다고 은근히 자랑을 합니다. 대부사의 승려가 먼저 말문을 엽니다.

"지난 동짓달에 팥죽을 쑤었는데 솥이 너무 커서 배를 타고 들어가 팥죽을 젓다가 그만 풍랑에 배가 뒤집혀 사공이 빠져버리고 말았습니다. 모든 스님이 다 동원이 되어 솥에 빠진 사공을 구하려고 여념이 없는데 저만 이곳에 오게 되었습니다."

그 얘기를 듣던 변심사 대표가 질세라 한마디 합니다.

"저는 여기에 오기 위해 닷새 전 길을 떠나면서 몸을 가볍게 하려고 우리 사찰의 변소에서 변을 보았는데 아마 지금까지도 떨어지고 있을 겁니다."

"……??!!"

참으로 우스운 이야기가 아닐 수 없습니다만, 이 이야기 속에 교훈이 있습니다. 그것은 큰 것이 반드시 좋은 것이 아니며, 커진다고 반드시 좋아지는 것이 아니라는 것입니다. 재미있는 이야기지만 크기를 자랑삼는 한국교회가 꼭 깊이 생각해보아야 할 이야기입니다. 사찰이든 교회든 본질이 사라지지 않고 있을 때 그 존재 가치가 있습니다. 특별히 교회와 신앙인에게도 가장 중요한 것이 내면에 있어야 진정한 교회요, 진정한 신앙인입니다.

누가는 제자와 사도를 구분한 유일한 사람입니다. 마태나 마가나 요한은 제자와 사도를 구분하지 않았습니다. 예수님을 따라다녔던 모든 사람을 제자로 기록했습니다. 그러나 누가만큼은 누가복음 6장에서 제자와 사도를 구분했습니다.

그 제자들을 부르사 그중에서 열둘을 택하여 사도라 칭하셨으니(눅 6:13).

누가복음 17장을 보면 의미 있는 얘기가 하나 나옵니다. 하루는 예수님이 많은 제자를 가르치시는데 사도들이 중간에 끼어들어 질문을 했습니다. 사도들은 제자들에게 믿음을 가르치시는 예수님께 이렇게 요청했습니다.
"주여, 우리에게 믿음을 주십시오. 우리는 믿음이 부족합니다."
그때 예수님은 사도들에게 엉뚱한 대답을 하셨습니다.
"너희들에게 필요한 것은 믿음이 아니라 종 됨의 자세다."

2002년 월드컵 4강 신화를 우리는 아직 기억합니다. 당시 대한축구협회는 경기력이 세계 수준에 비해 크게 떨어지는 국가대표팀을 걱정하며 외국의 유명 감독을 모셔오기로 했고 우여곡절 끝에 세계적인 감독인 거스 히딩크(Guus Hiddink) 감독이 부임하게 되었습니다.
그때 대한축구협회가 히딩크 감독에게 부탁한 것은 우리 대표팀은 체력이 좋은데 기술이 없으니 유럽의 선진 기술을 전수해달라는 것이었습니다. 그런데 히딩크 감독은 대표팀의 경기를 몇 번 지켜보더니 기자회견을 자청했습니다. 그는 한국 대표팀은 기술은 좋은데 체력이 없는 것이 문제라고 했습니다. 그러고는 월드컵이

개막될 때까지 체력 훈련에 집중하겠다고 했습니다.

같은 상황이 벌어집니다. 사도들은 자신들에게 믿음이 없으니 믿음을 달라고 예수님께 부탁했으나 예수님은 사도들에게 필요한 것은 믿음이 아니라 다른 것이라고 말씀하셨습니다. 그것은 바로 '종의 자세'입니다. 그러면서 종의 자세가 무엇인지를 설명해주시는데, 바로 '보상을 바라는 마음을 버리는 것'이라고 하셨습니다.

명한 대로 하였다고 종에게 감사하겠느냐 이와 같이 너희도 명령 받은 것을 다 행한 후에 이르기를 우리는 무익한 종이라 우리가 하여야 할 일을 한 것뿐이라 할지니라 (눅 17:9-10).

믿음이 좋은 사람들 때문에 교회를 망치는 일이 많습니다. 믿음이 좋다는 사람들 때문에 하나님의 일이 망가지는 경우가 많습니다. 그런 현상이 나타나는 이유는 모두 보상을 바라는 마음 때문입니다.

◌ ◌ ◌

오늘날 한국교회에 세상 사람들이 보기에 좋지 않은 모습들이 왜 나타날까요? 목사님들이 믿음이 없어서일까요? 아닙니다. 그들은 젊어서 몸을 아끼지 아니하고 교회를 세우는 일에 누구보다도 헌신했습니다. 어느 나라 목사님들보다 열심히 노력했습니다. 산을 옮길 만한 믿음도 있습니다. 그러니 헌신에 대한 보상을 받으려는 마음은 당연할 것입니다. 내가 열심히 했으니 그 정도의 보상은 당연히 받아야 한다는 것입니다. 그런데 결국 그것이 문제입니다.

주님은 지금 사도들이 갖추어야 할 덕목을 말씀하고 계십니다. 사도들은 믿음이 필요한 것이 아니라 종 됨의 자세가 필요한 것입니다. 보상을 포기하는 마음입니다. 오늘 우리의 문제는 그 정신을 잃은 것입니다.

제자들에게 믿음이 필요했다면 사도들에게는 종 됨의 자세가 필요했습니다. 이것은 우리가 예수님을 더 깊이 만나고 가까이할수록 우리의 자세가 변화되어야 함을 보여줍니다. 주님의 일을 하는 봉사자들, 하나님을 더욱 사랑하려는 사람들은 믿음만 가지고는 안 됩니다. 바로 종 됨의 자세가 필요합니다. 그 종 됨의 자세는 보상을 받으려는 마음을 버리는 것입니다.

우리 모두에게는 바로 그런 종 됨의 자세가 필요합니다.

순종이 제사보다
낫다는 말

　세계적인 명화인 레오나르도 다빈치(Leonardo Da Vinci)의 〈모나리자〉는 그 미소의 의미가 정확하지 않은 것으로 유명합니다. 많은 전문가가 모나리자의 미소에는 절제된 기쁨과 경멸의 미소가 함께 있다고 합니다. 한 미소에 두 가지의 의미가 함께 담겨 있는 것입니다. 말 한마디에도 두 가지의 의미가 담겨 있는 경우가 있습니다. 성경에도 하나의 말씀 속에 두 가지 의미가 함께 들어 있는 경우가 있습니다.

　사무엘이 이르되 여호와께서 번제와 다른 제사를 그의 목소리를 청종하는 것을 좋아하심같이 좋아하시겠나이까 순종이 제사보다 낫고 듣는 것이 숫양의 기름보다 나으니(삼상 15:22).

이 말씀은 사울왕의 형식적인 제사를 보고 사무엘이 책망하는 내용입니다. 그러나 이 말씀에는 책망의 의미만 있는 것은 아닙니다. 이 말씀에는 칭찬의 의미도 함께 있습니다.

먼저 책망의 의미를 생각해봅니다. '순종이 제사보다 낫다'는 말은 율법을 지켰다고 스스로 신앙생활을 잘한다 생각하는 사람에게 하시는 책망의 말씀입니다. 우리 주변에는 신앙생활의 본질은 지키지 않고 제사(예배)만 드렸다고, 제물(헌금)만 드렸다고 신앙생활을 잘한다 여기는 사람들이 있습니다. 스스로 좋은 신앙인임을 자처하며 자신의 신앙생활에 만족하는 사람들이 있습니다. 하나님은 그런 사람들을 책망하십니다.

마태복음 19장을 보면 신실한 부자 청년 한 사람이 예수님께 나옵니다. 그 청년이 "어찌해야 영생을 얻습니까?"라고 예수님께 물었습니다. 그때 예수님은 "계명을 지키라!"고 말씀하셨습니다. 청년이 "저는 계명을 다 지켰습니다. 부족한 것이 더 있습니까?" 하고 되물었을 때 예수님은 "소유를 다 팔아 가난한 사람들에게 주라!"고 말씀하셨습니다. 예수님을 따르는 것은 구체적인 희생이 따라야 함을 말씀하신 것입니다. 청년은 재물이 많은 이유로 근심하며 돌아갔습니다.

청년은 자신이 율법을 다 지켰으므로 칭찬받기를 원했지만 예수님은 계명을 지키는 형식적인 것만으로는 구원을 얻을 수 없다고 말씀하시면서 그 청년을 책망하셨습니다. 칭찬을 듣기 위해서는 하나님의 말씀에 대한 순종이 필요했던 것입니다. 이렇듯 '순종이 제사보다 낫다'는 말은 율법을 지키는 외형적인 신앙생활보다 하나님의 말씀에 순종하는 것이 더 하나님을 기쁘시게 해드리는 것임을 분명히 이야기합니다.

그러나 이 말씀에는 책망만 있는 것이 아닙니다. 두 번째로는 정성을 다해 하나님께 모든 것을 넘치게 드리려는 사람들에게 하시는 하나님의 칭찬이 담겨 있습니다. 창세기 22장을 보면 이삭을 바치는 아브라함의 모습이 나옵니다. 아브라함은 100세에 낳은 이삭을 제물로 바치라는 하나님의 명령에 그대로 순종했습니다. 그래서 아들 이삭을 모리아산으로 데리고 가서 제물로 삼기 위해 죽이려 했습니다. 그때 하나님은 다급한 어조로 이렇게 말씀하셨습니다.

사자가 이르시되 그 아이에게 네 손을 대지 말라 그에게 아무 일도 하지 말라 네가 네 아들 네 독자까지도 내게 아끼지 아니하였으니 내가 이제야 네가 하나님을 경외하는 줄을 아노라 (창 22:12).

하나님께 모든 것을 아낌없이 드리고 싶어 하는 자녀들에게 하나님은 그렇게까지 하지 않아도 된다고 말씀하십니다. 마치 공부를 열심히 하느라 잠을 자지 않는 아이들을 보면서 공부 그만하고 잠 좀 자라고 말하는 부모님의 마음과도 같은 것입니다. 하나님은 우리가 하나님을 사랑해서 하나님의 말씀에 모두 순종하면, 오히려 겉으로 드러나는 외형적인 모습들은 그리 중요하지 않다고 말씀하십니다. 그런 의미에서 '순종이 제사보다 낫다'는 말은 신앙생활을 하나님의 뜻대로 잘하는 사람들에게는 칭찬의 말씀이 됩니다.

솔로몬은 하나님의 성전을 짓고 성대한 봉헌식을 거행했습니다. 봉헌식에는 여러 가지 의미 있는 순서가 있었는데, 언약궤 옮김, 솔로몬의 연설, 솔로몬의 봉헌 기도, 솔로몬의 축복 기도, 하나님께 드리는 화목 제사가 이어졌습니다.

그중 솔로몬이 하나님께 화목 제사를 드리는 장면은 대단합니다. 첫 번째로는 엄청나게 많은 제물을 하나님께 드렸습니다. 소 2만 2,000마리와 양 12만 마리를 하나님께 제물로 드렸고, 두 번째로는 엄청나게 긴 시간인 14일간 제사를 드렸던 것입니다.

솔로몬이 드린 엄청난 규모의 제사를 보며 하나님은 어떤 생각을 하셨을까요? 형식적인 제사만 드린다고 책망을 하셨을까요? 아니면 최선을 다해 하나님께 모든 것을 드린 솔로몬을 칭찬하셨을까요? 답은 분명합니다. 하나님은 칭찬을 하셨을 것입니다. "순종이 제사보다 낫고 듣는 것이 숫양의 기름보다 나으니"라는 말씀은 분명 솔로몬에 대해서는 칭찬의 말씀인 것입니다. 정성을 다하여, 최선을 다하여, 더 많은 것을 드리고 싶어 하는 솔로몬에게 하나님은 "이제 됐다", "내 말을 듣는 것이 제일 좋으니 그렇게 많이 가져오지 않아도 된다"고 말씀하시는 것입니다. 하나님은 솔로몬의 정성스런 제사를 기뻐 받으셨습니다.

◌ ◌ ◌

'순종이 제사보다 낫다'는 말이 우리에게 어떤 의미로 다가옵니까? 신앙생활의 본질은 다 빼놓고 율법적인 행위만 일삼아 하나님이 책망하시는 말씀으로 다가옵니까? 아니면 모든 것을 다 하나님께 드리고 싶어 하고, 하나님의 말씀을 언제나 순종하며 살아가고 싶어 하는, 그래서 하나님이 기뻐하시는 자녀로 인정받는 칭찬의 말씀으로 들립니까?

하나님께 더 많은 것을 드리고 싶어 하고, 하나님께 더 가까이 가고 싶어 하며, 하나님의 말씀에 더 귀를 기울여 순종하고 싶어 하는 사람들을 하나님은 칭찬하시며, 그들을 붙들어주십니다. 그러고는 이렇게 말씀하십니다.

"순종이 제사보다 낫고, 여호와의 말씀을 듣는 것이 숫양의 기름보다 낫다."

두 아들이
마신 잔

세베대의 아내는 두 아들을 예수님의 제자로 보낸 여인입니다. 두 아들, 형 야고보와 동생 요한은 제자들 중에서 예수님의 사랑을 많이 받았습니다. 그럼에도 불구하고 그들의 어머니는 예수님께 높은 자리를 요청했습니다.

> 그때에 세베대의 아들의 어머니가 그 아들들을 데리고 예수께 와서 절하며 무엇을 구하니 예수께서 이르시되 무엇을 원하느냐 이르되 나의 이 두 아들을 주의 나라에서 하나는 주의 우편에, 하나는 주의 좌편에 앉게 명하소서(마 20:20-21).

실로 예수님의 제자의 길을 간다는 것이 어떤 것인지 그 어머니는 몰랐던 것입니다. 그런 여인에게 예수님은 "내가 마시려는 잔을 마실 수 있는가?" 물어보셨습니다.

예수께서 대답하여 이르시되 너희는 너희가 구하는 것을 알지 못하는도다 내가 마시려는 잔을 너희가 마실 수 있느냐 그들이 말하되 할 수 있나이다(마 20:22).

예수님이 십자가에서 돌아가시고 난 뒤, 그리고 마가의 다락방에서 제자들이 성령을 받고 난 뒤에야 두 형제는 비로소 제자의 길을 걷게 되었습니다. 그들은 비로소 예수님이 받으신 고난의 잔에 동참했습니다.

그런데 두 형제가 마신 예수님의 잔은 조금 달랐습니다. 형 야고보는 초대 예루살렘교회의 사도로서 첫 순교자가 되었습니다(행 12:2). 헤롯왕의 칼에 죽게 된 그의 생애는 너무나도 짧게 끝났으나 복음이 이방으로 전해지는 계기가 되었습니다. 반면 동생 요한은 90여 세까지 장수하면서 오랜 세월 교회를 지키며 믿음의 투쟁을 성실하게 감당했습니다. 그리고 말년에는 교인들의 훈련을 위해 후에 성경이 된 소중한 기록, 즉 믿음을 정리한 요한복음과 장래의 소망을 주는 요한계시록을 남겼습니다.

두 형제가 마신 잔의 형태는 사뭇 달랐지만 교회를 견고히 하고 복음을 전파한 위대한 삶이었습니다.

제자의 길은 한 가지 전형적인 형태로 나타나지 않습니다. 야고보같이 굵고 짧은 격동적인 삶을 살기도 하고, 요한같이 하루하루 보통의 일상 속에서 헌신의 길을 가기도 합니다. 그러나 중요한 것은 어떤 길을 가느냐가 아니라 어떻게 하루하루를 사느냐입니다. 어떤 길을 가든, 매일매일 복음 때문에 철저히 희생을 각오하며 낮아지는 자세가 바로 제자의 길인 것입니다. 그럴 때 비로소 우리는 주님의 잔에 참여하게 됩니다.

우리는 매일의 삶 속에서 하나님의 일을 크게 감당하지 못하는 것에 대해 마음 아파합니다. 야고보같이 격동적이고도 순교적인 삶을 살지 못하는 것 때문에 괴로워할 때도 있습니다. 그러나 주님은 말씀하십니다. 요한과 같이 매일매일 우리가 반복적인 삶을 살아도, 그리고 순교하지 못하고 날마다 실패하고 넘어져도, 우리가 하나님 안에서 아파하는 마음을 갖고 사는 것 자체가 십자가의 길이라고 말입니다.

믿음을 가지고 세상과 싸워 이기려는 의지가 있다면, 그 또한 주님이 마시라고 하신 십자가의 길이 되는 것입니다. 그런 우리의 삶 전체가 바로 주님의 잔에 참여하는 삶이 되는 것입니다. 힘들고 어려울 때마다 하나님은 우리의 연약한 부분을 일으켜 세워주실 것입니다.

날마다 쓰러지는 우리의 마음을 표현한 시 한 편을 소개합니다.
정찬우 목사님의 시입니다.

거짓 없는 기도

기도를 해야겠다고
눈을 감아도
기도 말은 입에서 돌지만
마음에서 우러나지를 않습니다.
겨우 몇 마디 중얼거리다가는
황급히 찾는 말
예수님 이름으로 기도했습니다. 아멘.
더욱 초라하고 허무한 밤이 되었습니다.

성경은 읽어야겠고
신약을 읽을까 구약을 읽을까
이리 뒤적 저리 뒤적 왔다 갔다 하다가는
마태복음 1장 1절부터 시작합니다.
채 16절을 마치기도 전에
머릿속은 다른 일로 분주합니다.

성경책만 펴놓으면
금방이라도 해야 할 일들이 왜 그리 많습니까.

청소도 해야 하고, 전화도 해야 하고
시장도 봐야 하고, 식사 준비도 해야 하고
텔레비전도 봐야 하고, 잠도 자야 하고
자신 있게 성경책을 덮으면서 하는 말
내일부터 꼭 읽도록 하겠습니다.
그러나 내일도 안 되리라는 것을 잘 알고 있습니다.
주님!
한심하게도 매일이 이 모양입니다.
그러나 그러나
언젠가는 해낼 수 있을 겁니다.
도중에 지쳐서 포기하지 않도록
제발 그날을 앞당겨주십시오. 아멘.

본질과
현실 사이에서

'엔트로피'(Entropy)라는 말이 있습니다. 열역학 제2법칙을 일컫는 물리학 용어입니다. 쉽게 설명하면 이런 것입니다. 온도가 다른 두 물체가 서로 접촉했을 때, 두 물체의 온도가 같아질 때까지 열이 뜨거운 물체에서 찬 물체로 흐른다는 이론입니다. 이것을 '엔트로피 원리'라고 말합니다. 그러나 이 '엔트로피 원리'는 꼭 온도에서만 나타나는 현상은 아닙니다. 우리가 흔히 알고 있듯이 물의 높이, 즉 수위가 서로 다른 물통 두 개에 수로를 뚫어놓으면, 언제나 수위가 같아질 때까지 물은 높은 곳에서 낮은 곳으로 흐르게 됩니다. 우리가 상식적으로 알고 있는 이것도 바로 '엔트로피 원리'에 속하는 것입니다.

심리학자 칼 융(Carl Gustav Jung)은 인격 변화의 역학을 설명하기 위해 이 '엔트로피 원리'를 인용했습니다. 그는 사람의 모든 정신

내부에는 정신 에너지라는 것이 있는데 그 에너지는 모두 일정한 균형을 이루어나간다고 말했습니다. 즉 사람에게는 정신적 에너지가 여러 갈래로 있는데, 그 하나하나가 서로 관계가 없음에도 불구하고 일정하게 균형을 유지하게 된다는 것입니다.

◦ ◦ ◦

성경에는 서로 다른 신앙적 가치관으로 갈등하다 신앙적 파탄을 경험한 사례가 나옵니다. 우리는 그것을 예수님과 부자 청년의 대화에서 볼 수 있습니다.

"선생님, 어떻게 해야 제가 영생을 얻을 수 있습니까?"

"계명을 지키시오."

"저는 계명을 다 지켰습니다. 무엇이 더 부족합니까?"

"소유를 팔아 가난한 자들에게 주시오. 그러면 하늘의 보화가 당신에게 있을 것이오."

그때 청년은 자신이 갖고 있는 재물이 많아서 근심하며 돌아갔다고 성경은 말합니다.

융의 언어로 이 상황을 설명해보면 이렇습니다. 이 청년은 신앙도 있었고 물질에 대한 가치관도 있었습니다. 그런데 물질의 가치관은 그 에너지가 약했던 반면 신앙의 가치관은 에너지가 상대적으로 강했습니다. 그러나 돈에 대한 에너지가 약했기에 그가 갖고 있던 신앙도 흔들리고 말았습니다.

　이스라엘의 사울왕도 같은 사람이었습니다. 그는 하나님을 의지한 사람이었습니다. 그리고 하나님 앞에서 매우 겸손한 사람이었습니다. 전쟁에 나갈 때면 늘 하나님의 도움을 구했던 사람입니다. 자신의 힘으로 싸움을 하는 것이 아니라 하나님의 힘으로 싸운다고 생각했기 때문에 그는 늘 하나님께 제사를 드린 후에 전쟁터로 갔습니다.

　그런데 문제가 터졌습니다. 길갈에서 블레셋과 전쟁을 하기 위해 사무엘을 찾았는데, 사무엘이 7일이나 늦게 도착을 했습니다(삼상 13장). 사울왕은 흔들리기 시작했습니다. 사무엘이 늦는 사이 전쟁에서 지는 것은 아닐까, 자꾸 걱정을 하게 되었습니다. 하나님이 도우셔야 전쟁에서 이길 수 있다고 믿고 있었지만 시간의 문제에 있어서는 세상의 기준이 있었습니다. 그래서 사무엘 제사장이 오기 전에 자신이 직접 제사를 드렸습니다.

　융의 언어로 설명해보면 이렇습니다. 사울왕에게 있어서 하나님이 이스라엘을 지켜주신다는 믿음의 에너지는 강했습니다. 전쟁 전에 제사를 드려야 한다는 생각도 바로 이 강한 에너지 때문이었습니다. 그런데 제사를 드리는 시간에 대한 에너지는 약했습니다. 빨리 제사를 드리지 않으면 전쟁에서 질 것 같은 불안한 마음이 있었습니다. 그래서 사울 안에 있던 그 신앙의 에너지는 강한 쪽에서 약한 쪽으로 흐르게 되었고, 결국 약한 신앙으로 인해 강했던 믿음마저 잃고는 신앙적 파탄을 맞게 되었습니다.

그러나 어찌 이 부자 청년과 사울왕뿐일까요? 이것은 오늘 우리에게도 날마다 나타나는 현상이 아닐까요? 우리의 고민이 늘 여기에 있습니다. 우리의 신앙적 갈등은 아주 복잡한 것 같지만 결국은 다 이 문제에서 비롯됩니다. 신앙으로 살려고 하는데 자꾸만 뒤에서 뭔가 끌어내리려 하는 것 같습니다. 신앙이 있고 없고의 문제가 아닙니다. 두 가지의 신앙 에너지로 인한 갈등이 있는 것입니다. 이것을 우리는 본질적 신앙, 현실적 신앙으로 분리해서 말할 수 있습니다.

◐ ◐ ◐

신앙생활을 꽤 잘한다고 생각했는데 시련이 닥치면 자꾸만 낙심하게 되고, 결국 신앙도 잃게 되는 경우가 있습니다. 무엇이 문제일까요? 처음부터 현실적 문제에 신앙의 에너지가 약했기 때문입니다. 본질은 강한데 현실이 약했습니다. 그런 신앙을 소유했기에 어려운 문제가 닥치면 신앙이 사라지고 마는 것입니다. 그러나 현실적 신앙에도 강한 에너지가 있으면 그 사람은 흔들리지 않습니다. 현실 속에서도 하나님이 우리를 결국 승리하게 해주심을 믿기 때문입니다. 그래서 어려움도 승리의 과정이라 확신하는 것입니다. 하나님의 존재에 대한 의문이 있을 수 없습니다. 하나님께 대한 원망이 있을 수 없습니다. 혹 실패해도, 혹 어려움이 닥쳐도 갈등이나 긴장이 있을 수 없습니다.

많은 신앙인이 쉽게 믿음을 포기하는 이유는 원래부터 믿음이 적어서가 아닙니다. 그것은 본질적 신앙과 현실적 신앙의 차이가 너무 컸기 때문입니다. 그리고 현실적인 문제에 있어서는 약한 에너지를 갖고 있었기 때문입니다. 약한 신앙을 갖고 있었습니다.

본질적 신앙이 강하다면 현실적 신앙도 같아야 합니다. 그래야 흔들리지 않습니다. 힘들고 어려울 때, 많은 괴로움이 있다 해도 흔들리지 않아야 합니다. 역사를 주관하시고 나를 이끌어주시는 하나님을 볼 수 있어야 합니다.

더 낮아지고,
더 작아지고

　사도 바울은 우리가 잘 알고 있듯이 신약성경 27권 중 13권을 쓴 기록자입니다. 젊어서 그리스도인들을 핍박하기 위해 다메섹으로 가던 중 극적으로 예수님을 만나, 그 후로 평생을 예수를 위해 전도여행을 다니며 주님께 헌신한 사람입니다. 세 차례에 걸쳐 소아시아와 마게도냐를 다니면서 전도여행을 했고, 그 전도여행 중에 각 도시마다 교회를 세웠습니다. 뿐만 아니라 평생토록 교인들의 신앙 성장을 위해 그들을 돌보았던 그의 열정은 가히 대단했습니다.

　그런 가운데 AD 51년부터 67년경까지 16-17년 정도를 자신이 눈물로 세운 교회들을 위해 사랑의 편지를 써 보냈는데, 그 편지가 바로 오늘날 로마서에서 빌레몬서까지의 신약성경이 되었습니다. 그런데 흥미로운 사실은 바울이 편지를 쓰는 약 16년 동안 그의 신앙과 가치관이 조금씩 변해갔다는 것을 편지의 내용과 언어들 속에서 찾아볼 수 있다는 것입니다.

한 예를 들어보겠습니다. 바울은 초창기 서신인 데살로니가교회에 보내는 편지와 고린도교회에 보내는 편지에서 자신을 사도라고 소개했습니다.

> 나는 사도 중에 가장 작은 자라 나는 하나님의 교회를 박해하였으므로 사도라 칭함 받기를 감당하지 못할 자니라(고전 15:9).

사실 당시만 해도 바울이 사도냐, 아니냐 하는 것은 적잖은 논란거리였습니다. 왜냐하면 초대교회에서는 예수님이 직접 가르치신 사람만이 사도라고 칭함을 받을 수 있었기 때문입니다. 예수님께로부터 직접 가르침을 받은 적이 전혀 없는 바울로서는 자신을 사도라고 말할 수 있는 입장이 결코 아니었습니다. 그러나 바울은 고린도교회 교인들에게 보낸 편지에서 자신을 '사도 중에 가장 작은 자'라고 말했습니다. 복음에 대한 열정으로 자신을 사도라고 말한 것입니다. 다만 자신의 사도 직분은 교회로부터 받은 것이 아닌 하나님이 직접 주신 것이라는 사족을 달기도 했습니다.

> 하나님의 뜻을 따라 그리스도 예수의 사도로 부르심을 받은 바울과 형제 소스데네는(고전 1:1).

그 후 약 7-8년이 흐른 후 바울은 에베소교회 교인들에게 편지를 썼습니다. 그런데 그 편지의 내용을 자세히 들여다보면 자신을 표현하는 단어가 변했음을 알 수 있습니다. 그는 자신을 '성도 중에 지극히 작은 자'라고 표현했습니다.

모든 성도 중에 지극히 작은 자보다 더 작은 나에게 이 은혜를 주신 것은 측량할 수 없는 그리스도의 풍성함을 이방인에게 전하게 하시고 (엡 3:8).

자신이 사도임을 그렇게도 인정받고 싶어 했던 바울이었기에 이는 놀라운 변화가 아닐 수 없습니다. 자신은 그저 예수님을 따르는 성도에 지나지 않으며, 그 성도 중에서도 제일 작은 자에 불과하다는 표현은 단순한 겸손을 넘은 그의 신앙고백입니다. 바울이 진정 낮은 자로 교회를 섬겼음을 알 수 있는 대목입니다.

그러나 바울은 거기에만 머무르지 않았습니다. 다시 2-3년이 지난 AD 66년경에 자신이 키운 믿음의 아들인 디모데에게 목회의 진수를 알려주는 편지를 정성을 다해 쓰게 됩니다. 노년의 바울에게 있어서 평생을 되돌아보며 자신이 깨달은 신앙의 깊은 진리를 아들과 같이 여기는 디모데에게 가르치는 그 귀한 편지에서 바울은 자기 자신에 대해 엄청난 표현을 합니다.

미쁘다 모든 사람이 받을 만한 이 말이여 그리스도 예수께서 죄인을 구원하시려고 세상에 임하셨다 하였도다 죄인 중에 내가 괴수니라 (딤전 1:15).

"나는 죄인 중에 괴수입니다."

하나님 앞에서 지은 죄가 너무 많음에도 불구하고 주 예수 그리스도로 인해 구원을 받았다고 하는 것이 그에게는 다른 모든 것을 내어버릴 만큼 소중했습니다. 그리고 죄인 중에 괴수이지만 하나님의 사랑으로 구원 얻은 것을 그저 감사하는 삶을 살아가게 됩니다.

약 10여 년이라는 짧은 기간 동안 바울은 이렇게 자신에 대한 이해가 바뀌었습니다. 처음에는 "나도 사도입니다"라고 했다가, 그 후에는 "나는 성도 중에 지극히 작은 자입니다"라고 했다가, 나중에는 "나는 죄인 중에 괴수입니다"라고 고백하는 그의 모습은 참으로 아름답게 보입니다. 실로 사도 바울은 우리 신앙의 모본이 되는 훌륭한 사람이 아닐 수 없습니다.

● ● ●

참으로 안타깝고 또 부끄러운 사실이지만 우리의 자화상은 어떠합니까? 사도 바울과 같이 자신의 모습을 철저히 보며 더 낮아지고 있는 것일까요? 아니면 오히려 교회에 오래 다닐수록 대접만

받으려 하는, 낮아지는 것과는 반대의 길을 걷고 있지는 않나요? 처음 예수를 만났을 때 "나는 죄인입니다", "나는 괴수입니다" 고백하며 눈물을 흘리며 기도했었는데, 시간이 흐르면서 오랜 교회 생활을 한 후에는 "내가 사도인데", "내가 목사인데", "내가 장로인데", "내가 권사인데" 하면서 자신을 드러내려고 하지는 않는지요?

바뀌어야 합니다. 시간이 지날수록, 예수와의 만남이 오래될수록 우리는 더 낮아지고, 더 작아져야 합니다. 그래서 "나는 죄인 중에 괴수입니다", "용서받지 못할 이 죄인을 구원해주셔서 감사합니다"라고만 고백하며 주님께 나아가야 합니다. 이런 자기 인식을 갖고 신앙생활을 하는 것이 봉사를 잘하는 것보다, 열심히 교회 일을 하는 것보다 훨씬 중요하기 때문입니다.

"나는 죄인입니다", "나는 죄인 중에 괴수입니다"라고 고백하며 얼굴을 들지 못하고 눈물 흘리며 주님을 따라가는 자녀들을 하나님은 기뻐하십니다.

금송아지와
십자가

솔로몬왕이 죽고 난 후 이스라엘 왕국은 남북으로 분열되었습니다. 남쪽은 솔로몬의 아들 르호보암이 다스리고, 북쪽은 여로보암이 왕이 되어 통치를 하게 되었습니다.

북쪽의 여로보암은 북쪽 사람들이 남쪽 지역의 예루살렘에 있는 여호와의 성전에 가서 제사하는 것을 막기 위한 장치를 만들었습니다. 북쪽 지역의 벧엘과 단에 제단을 만들고, 금송아지 두 개를 만들어 각각 그곳에 놓고, 그것이 하나님이라 하고 여호와께 제사를 드리게 했습니다. 그러나 이스라엘 사람들이 금송아지를 만든 것은 그때가 처음이 아니었습니다.

이스라엘 사람들은 역사적으로 금송아지를 두 번 만들었습니다. 우리에게 제일 잘 알려진 사건은 모세가 시내산에서 십계명을 받을 때였는데, 산 밑에서 아론이 백성과 함께 금송아지를 만든 것이었습니다.

우리는 이러한 금송아지 제작 사건을 보면서 이스라엘 사람들이 하나님의 은혜도 모르고 매우 나쁜 짓을 했다고 생각하고 이상하게 생긴 우상을 만든 것이라 여깁니다.

하지만 자세히 보면 이스라엘의 분열 때도 그렇고 출애굽 때도 그렇고 그들은 하나님 대신으로 다른 신의 개념인 금송아지를 만든 것이 아니었습니다. 그들은 금송아지를 하나님의 형상으로 여기고 만든 것입니다. 그것도 연구하고 계획해 정성을 들여 만든 것입니다.

출애굽 상황과 이스라엘이 남북으로 분열할 때 금송아지를 만드는 그들의 마음을 성경은 이렇게 나타내고 있습니다.

아론이 그들의 손에서 금 고리를 받아 부어서 조각칼로 새겨 송아지 형상을 만드니 그들이 말하되 이스라엘아 이는 너희를 애굽 땅에서 인도하여 낸 너희의 신이로다 하는지라(출 32:4).

이에 계획하고 두 금송아지를 만들고 무리에게 말하기를 너희가 다시는 예루살렘에 올라갈 것이 없도다 이스라엘아 이는 너희를 애굽 땅에서 인도하여 올린 너희의 신들이라 하고(왕상 12:28).

출애굽 당시 이스라엘 백성에게는 감사가 있었습니다. 400여 년 만에 이룬 출애굽과 홍해가 갈라지는 엄청난 사건을 그들은 몸소 체험했습니다. 이스라엘 사람들은 그 은혜에 대한 감사의 잔치를 벌인 것입니다. 그래서 백성은 자신의 금 고리를 빼서 아론에게 바쳤습니다.

두 번의 금송아지 제작 사건, 이 모습은 절대로 우상을 만들려는 의도가 아니었습니다. 나름대로 하나님께 자신을 바쳐가며 하나님을 만든 것입니다.

그러나 정성을 다해 하나님을 만들었음에도 불구하고 하나님은 몹시 진노하셨습니다. 그것은 하나님의 본래 모습이 아니었기 때문입니다. 마치 누군가 자신의 얼굴을 장난스럽게 그리거나 이상하게 그려놓을 때 기분이 좋지 않듯이 하나님도 자신의 모습이 왜곡된 것으로 인해 노하신 것입니다. 이스라엘 사람들은 하나님이라고 금송아지를 만들었지만 하나님은 그것이 하나님의 모습이 아니라고 화를 내셨습니다.

◦ ◦ ◦

왜 하나님은 금송아지를 못마땅하게 생각하셨을까요? 그것은 금송아지가 갖는 의미 때문입니다. 송아지는 소를 의미합니다. 동서고금을 막론하고 소는 농사에 없어서는 안 되는 동반자이며 젖과 다산으로 풍요를 상징합니다. 또한 큰 동물로 힘이 강하다는 것과 커진다는 것을 의미합니다.

이스라엘 사람들은 하나님은 그런 분이시라고 생각했습니다. 하나님은 강하고 풍요로우며 큰 신이시기 때문에 하나님을 믿으면 누구나 강하고 풍요로워진다고 생각했습니다.

그러나 그것은 하나님의 일부 모습이지 온전한 모습은 아니었습니다. 하나님은 사람들이 하나님을 정확하게 만들지 못했기에 직접 만들어주셨습니다.

하나님의 손은 매우 정확하고 정교합니다. 왜냐하면 그 손으로 천지를 창조하셨기 때문입니다. 하나님이 그런 정교한 자신의 손으로 만들어주신 하나님의 형상이 바로 십자가입니다. 십자가란 무엇일까요? 그것은 낮아짐, 죽으심, 희생, 내려놓으심, 사랑을 의미합니다. 소와는 반대의 개념입니다.

하나님은 하나님의 형상으로 십자가를 만들어주셨습니다. 그러나 사람들은 하나님의 형상을 십자가에서 자꾸만 금송아지로 바꾸어갑니다. 이스라엘 사람들이 가지고 있는 하나님의 형상이 금송아지라는 것은 '하나님을 믿으면 풍요롭고 부요해진다', '하나님을 믿으면 힘이 강해진다', '하나님을 믿으면 커진다'는 것을 의미합니다.

초대교회에도 신앙의 정체성에 문제가 있었습니다. 바로 금송아지 문제였습니다. 하나님으로 인해 부해지려고 했고, 하나님으로 인해 강해지려고 했고, 하나님으로 인해 더 많은 것을 누리려 했습니다. 교회 안에도 그런 것이 신앙으로 자리잡았습니다. 그 모습을 보고 바울은 안타깝게 생각했습니다. 그래서 바울은 다음과 같이 신앙인들을 교훈했습니다.

부하려 하는 자들은 시험과 올무와 여러 가지 어리석고 해로운 욕심에 떨어지나니 곧 사람으로 파멸과 멸망에 빠지게 하는 것이라 돈을 사랑함이 일만 악의 뿌리가 되나니 이것을 탐내는 자들은 미혹을 받아 믿음에서 떠나 많은 근심으로써 자기를 찔렀도다(딤전 6:9-10).

돈이 꼭 나쁜 것은 아니지만, 돈이 우리의 하나님이 된다면 그것이 우리를 파멸과 멸망에 빠지게 할 것이라고 경고했습니다. 지금 한국교회가 멸망과 파멸의 길로 가고 있는 이유가 바로 여기에 있습니다.

우리의 삶을 인도하시는 하나님은 어떤 하나님이십니까? 금송아지입니까? 아니면 십자가입니까? 우리는 하나님을 믿는다고 하지만 우리도 모르는 사이에 금송아지를 만들고 있지는 않은지 되돌아봐야 합니다.

우리는 다시 십자가의 의미를 되새겨야 합니다. 그리스도인의 정체성은 바로 십자가이기 때문입니다. 우리 마음속에서 자꾸만 바뀌어가고 있는 하나님의 형상이 본래의 모습으로 늘 나타나야 합니다.

예수님이 가장 기뻐하시는 것은
우리가 우리 모습 그대로를 부끄러워하지 않고
당당하게 사는 것입니다. 나를 감추고 있던 벽과 담을 허물고
주님 앞에 담대히 나아가는 것입니다.

Part 3

자신의 허물과 약점으로
마음이 슬픈 당신에게

자신이 만든
감옥

 칼 융은 인간의 성격과 심리를 비교적 정확하게 정리한 심리학자입니다. 그에 의하면 인간은 알게 모르게 5가지의 감옥에 갇혀 사는데, 그 분석이 꽤 설득력 있습니다.

 첫 번째는 '자기 사랑의 감옥'입니다. 이것은 이기주의를 말합니다. 타인은 다 자신을 위한 도구이고 자신을 위한 존재라고 생각하는 것입니다. 온 우주의 중심에 자신이 있습니다. 그러나 자기를 사랑하다 보면 주위로부터 배척을 받게 됩니다. 자기만 챙기는 사람은 다른 사람들의 환영을 받을 수 없고 결국 불행해진다는 것입니다.
 두 번째의 감옥은 '근심의 감옥'입니다. 쓸데없는 일을 걱정하느라 잠을 제대로 못 잡니다. 몸도 마음도 상하고 맙니다. 현재의 일,

장래의 일이 모두 다 고민거리입니다. 우리가 당하는 문제들은 시간이 해결해주는 문제도 있고, 또 시간이 해결해주지 못하는 문제도 있습니다. 시간이 해결해주는 문제는 그냥 놔두면 해결되는데, 그것까지 붙들고 씨름하는 사람들이 많이 있습니다. 세상의 모든 문제를 다 걱정합니다.

세 번째의 감옥은 '과거의 감옥'입니다. 지난 일에 대한 후회, '젊었을 때 그러지 말 것을', '공부를 더 열심히 할 것을', '이 직업을 택하는 것이 아닌데' 등 지난날에 매여서 현재와 미래를 그르치고 있습니다. 또한 과거의 영광 속에서 헤어 나오지 못하기도 합니다. '내가 왕년에는', '내가 이래 봬도 옛날에는'이라고 생각하면서 과거 속에 묻혀 살고 있습니다. 이런 사람에게는 미래가 없습니다. 늘 과거에 살고 있기 때문입니다.

네 번째의 감옥은 '선망의 감옥'입니다. 남의 것만 좋게 보는 부러움을 말합니다. 내 아내는 못났고, 남의 아내는 예뻐 보입니다. 내 남편은 무능하고, 남의 남편은 유능해 보입니다. 어떤 처지든 내가 처한 환경이 좋다고 생각하며 살아야 행복한 것인데, 자족할 줄 모르고 남의 처지와 형편만 부러워하는 것, 그것이 바로 선망의 감옥이라는 것입니다.

다섯 번째는 '증오의 감옥'입니다. 일본에는 '황혼이혼'(黃昏離婚), '나리타이혼'(成田離婚)이란 말이 있습니다. 남편이 퇴직할 때까지 기다렸다가 퇴직금을 받으면 이혼하는 것이 황혼이혼이고, 자녀들이 결혼할 때까지 참고 기다렸다가 신혼여행을 떠나면 나리타공항에 가서 환송하고 돌아오는 길에 이혼한다고 해서 붙여진 이름이 나리타이혼입니다. 이미 심리학에서 쓰이는 용어들입니다. 꾹 참고 기다렸다가 이혼하는 것이 이해는 갑니다만 그동안 증오의 감옥에서 보낸 세월은 누가 보상해줍니까? 남을 미워하고 시기하는 일, 그것은 얼마나 자신을 얽어매는 무서운 감옥인지 모릅니다.

융은 말합니다. 사람이 행복과 불행을 느끼는 지수는 얼마나 자기를 감옥으로부터 꺼내느냐에 달려 있다고 말입니다. 기독교에서는 그것을 '내적 치유'라고 말합니다.

◐ ◐ ◐

여기 불행한 한 여인이 있습니다. 이 여인은 스스로 많은 감옥에 자신을 가둬놓고 있어 불행한 사람입니다. 그녀는 사마리아인으로서 유대인에 대해 심한 열등의식을 갖고 있었습니다. 유대인들이 사마리아인인 자신을 멸시하고 상종하지 않는다 생각해서 피해 의식을 갖고 있었던 것입니다.

그녀는 부끄러움과 두려움이 있는 사람이었습니다. 자신의 신분과 처지가 스스로를 부끄럽게 한다고 생각했습니다. 자연히 사람이 싫어지고, 그래서 피하며 살아갔습니다. 여러 사람과 부딪히는 것이 싫어서 일부러 한낮에 물을 길으러 왔습니다.

전통적으로 이스라엘 사람들은 아침과 저녁에만 물을 길으러 다닙니다. 낮은 매우 덥기 때문입니다. 그런데 이 여인은 더위를 무릅쓰고 낮 시간을 택했습니다. 사람을 피하기 위함이었습니다. 남편을 다섯이나 바꿨다는 둥, 지금은 누구와 산다는 둥, 자신을 향해 손가락질해대는 이들을 피해 사람이 다니지 않는 한낮의 더운 시간을 택한 것이었습니다. 이 여인의 삶의 방식이었습니다. 융의 심리학적 이론으로 보면 그녀는 '자기 사랑의 감옥', '근심의 감옥', '증오의 감옥'이 복합적으로 있는 불행한 여인이었던 것입니다.

그런데 이 여인이 변화되었습니다. 예수님을 만남으로 변화되었던 것입니다. 예수님이 아픈 곳을 만져주신 것도 아니요, 예수님과 서너 시간 토론을 한 것도 아니요, 여러 해 동안 예수님을 따라다니며 공부한 것도 아니요, 그저 예수님과 한 번 만나 대화한 것뿐인데 예수님과의 만남으로 인해 사람이 변화되었던 것입니다. 사람들을 피해 다니던 여인이 심지어 동네로 뛰어들어가 자신을 고쳐주신 예수님을 소개했습니다.

> 여자가 물동이를 버려 두고 동네로 들어가서 사람들에게 이르되 내가 행한 모든 일을 내게 말한 사람을 와서 보라 이는 그리스도가 아니냐 하니 (요 4:28-29).

사랑의 확증과 사죄의 기쁨은 존재의 가치를 높여줍니다. 자존감을 높여줍니다. 여인은 분명 변했습니다. 물동이를 팽개치고 동네로 달려갈 정도로 말입니다.

물동이는 그녀가 필요로 하는 것이고, 동네는 그녀가 피했던 곳입니다. 그런데 예수님을 만난 후 물동이를 버리고 그녀가 달려간 곳은 사람들이 모여 사는 동네였습니다. 그녀가 온전하게 치유되었음을 보여주는 대목입니다. 자기를 얽어매던 지긋지긋한 감옥으로부터 해방을 얻은 것입니다. 그녀는 자신을 다 알고 계시는 그리스도를 만난 것입니다. 만나주시고, 사랑해주시고, 용서해주신 예수님께로부터 자유를 얻게 된 것입니다.

예수님이 누구십니까? 예수님은 우리를 얽어매고 있는 모든 감옥에서 우리를 건져주시는 분입니다. 우리를 구원해주시는 분입니다. 감옥뿐 아니라 죽음의 문제까지 모두 해결해주십니다. 우리가 진정 예수를 만난다면 우리도 그 자유를 얻게 되는 것입니다.

진리를 알지니 진리가 너희를 자유롭게 하리라 (요 8:32).

염려를
준비하십시오

하나님은 살아 계십니다. 살아 계신 하나님께 나아가 그 하나님을 만나는 것을 우리는 예배라고 합니다. 우리의 삶 속에서 하나님 앞에 나아가 예배하는 것이 중요하기에 우리는 정성을 다해 예배를 준비합니다. 하나님을 만나는 기쁨이 있기 때문입니다.

하나님도 우리를 만나는 예배의 시간을 좋아하십니다. 하나님은 예배를 통해 자녀 된 우리에게 줄 선물을 준비하고 계십니다. 하나님은 하나님께 나아가 예배를 드리는 당신의 자녀들에게 이 땅에서 사는 동안 가장 필요하고, 귀하고, 좋은 것을 주고 싶어 하십니다. 그것은 바로 평안입니다. 하나님이 우리에게 평안을 주고 싶어 하시는 이유는 세상에서 사는 동안 평안이 가장 소중하고 또 필요한 것이기 때문입니다. 하나님은 평안을 우리에게 주고 싶어 하십니다.

평안을 너희에게 끼치노니 곧 나의 평안을 너희에게 주노라 내가 너희에게 주는 것은 세상이 주는 것과 같지 아니하니라 너희는 마음에 근심하지도 말고 두려워하지도 말라(요 14:27).

하나님이 우리를 위해 예비하신 평안을 얻기 위해서 우리가 준비할 것이 있습니다. 하나님께 정성껏 예배드리기 위한 자리에 우리가 준비해야 할 것은 헌금이 아닙니다. 우리는 흔히 하나님께 나아갈 때 헌금을 갖고 가야 한다고 생각합니다. 성경의 표현대로라면 하나님께 예물을 드려야 한다고 생각하는 것입니다. 그리고 깨끗한 옷을 입고 정결한 마음으로 나아가야 한다고 생각합니다.

그러나 하나님은 그것을 제일 좋아하시지는 않습니다. 우리가 하나님께 나아갈 때 반드시 갖고 나아가야 하는 것, 하나님이 가장 좋아하시는 것이 두 가지 있습니다.

먼저, 감사의 마음입니다. 즉 하나님의 은혜를 아는 마음을 원하고 계시는 것입니다. 하나님은 우리가 하나님 앞에 나아갈 때 하나님을 존경하며 하나님의 도우심을 감사하는 마음이기를 원하십니다. 하나님은 그것을 기뻐하십니다. 하나님이 나를 창조하신 것과 내 삶을 인도하신다는 믿음과 고백을 원하십니다. 하나님이 나의 주님이 되신다는 고백을 하나님은 그토록 듣고 싶어 하시는 것입니다. 우리는 하나님 앞에 그런 마음을 가지고 나아가야 합니다.

그런데 하나님께 드려야 할 것은 이뿐만이 아닙니다. 또 한 가지가 있습니다. 그것은 바로 염려입니다. 하나님은 우리의 염려를 받기 원하신다는 것입니다. 하나님은 우리가 아버지 앞에 나아갈 때 우리의 염려도 가지고 나아가기를 원하십니다.

아무것도 염려하지 말고 다만 모든 일에 기도와 간구로, 너희 구할 것을 감사함으로 하나님께 아뢰라(빌 4:6).

그렇습니다. 예배할 때 염려 또한 드리기 위해 준비해 나가야 하는 것입니다. 아주 중요한 개념이기 때문에 절대 잊어서는 안 될 것입니다. 염려는 하나님께 드려야 합니다. 하나님은 우리의 염려를 받기 원하고 계십니다. 그것이 아버지의 마음이기 때문입니다. 그래서 염려는 하나님께 맡기는 것이 아니라 하나님께 드리는 것입니다. 그리고 한번 하나님께 드린 것은 다시 가져오면 안 됩니다. 그것은 하나님이 원하시는 것이 아니기 때문입니다. 하나님께 헌금을 드릴 때 한번 드린 헌금을 다시 가져오지 않는 것처럼, 하나님께 한번 드린 염려는 다시 가져와서는 안 됩니다.

◐ ◐ ◐

시험과 염려는 사탄이 우리에게 주는 것입니다. 예수를 믿기 전에는 그것을 몰랐을 뿐입니다. 사탄은 하나님의 자녀인 우리가 하나님을 만나지 못하도록 시험을 주고, 또 예수를 믿는 자들이 문제를 안고 힘들어하다가 하나님을 포기하도록 만들고자 합니다. 욥기에서 그것을 정확하게 보여줍니다.

시험과 염려가 사탄으로부터 온다는 것을 알면, 우리는 한 가지 사실을 더 알아야 합니다. 사탄은 우리보다 항상 한 수 위라는 사실입니다. 사탄이 주는 시험은 우리의 힘으로는 이길 수가 없습니다. 우리가 시험을 우리의 능력으로 풀 수 있다고 생각하는 것은 우리가 스스로의 능력도 모르고 사탄의 능력도 모르는 무지의 소치입니다.

그래서 하나님께 염려를 드리지 않는 것과 또 하나님께 드린 염려를 다시 들고 오는 것은 불신앙이고 죄입니다. 하나님께 드려야 할 것을 드리지 않는 죄이고, 하나님이 나의 아버지이심을 인정하지 않는 죄이고, 나를 만드시고 천지를 창조하신 하나님의 능력을 과소평가하는 죄입니다. 우리에게 평강 주기를 원하시는 하나님을 거부하는 죄인 것입니다.

주님께 나아갈 때, 염려를 준비해서 나아가십시오. 정성을 다해 염려를 정리해서 하나님께 드리십시오. 그리고 헌금을 드리는 것처럼 하나님께 드린 것을 다시는 가지고 오지 마십시오. 하나님이 섭섭해하십니다. 하나님으로 나의 아버지가 되게 하십시오. 하나님으로 나의 창조주가 되게 하십시오. 우리가 염려를 주께 맡기고 다시 가져오지 않는다면, 그때 하나님이 우리를 위해 준비하신 평강을 주실 것입니다. 세상의 그 어떤 것도 줄 수 없는 평강을 선물로 받게 될 것입니다.

우리가 염려를 전적으로 하나님께 드릴 때 평강이 우리 안에 이루어집니다.

고통의
반전

항상 기뻐하라 쉬지 말고 기도하라 범사에 감사하라 이것이 그리스도 예수 안에서 너희를 향하신 하나님의 뜻이니라(살전 5:16-18).

성경에서 가장 유명하고 귀한 가르침을 꼽으라 하면 아마도 이 말씀을 많이 떠올릴 것입니다. 이 말씀은 대부분의 그리스도인이 익숙하게 알고 있는 말씀이고 또 실천하고 싶어 하는 말씀이기도 합니다.

그러나 이 말씀의 기록 목적을 알게 된다면 실천하기가 그렇게 쉬운 말씀은 아니라는 것을 알게 됩니다. 데살로니가서의 기록 목적은 고통과 시련 중에 있는 교우들을 위로하고 격려하기 위해서입니다. 그러기에 '쉬지 말고 기도하라'는 어느 정도 이해가 된다 해도 '항상 기뻐하라', '범사에 감사하라'는 도무지 이해하기 어려운 말입니다. 고통 중에 기뻐한다는 것, 그리고 고난 중에 감사한다는 것은 그렇게 쉬운 일이 아니기 때문입니다.

그렇다면 왜 그것이 가능하지 않을까요? 그것은 기쁨과 감사에 대한 잘못된 인식 때문입니다. 우리가 갖고 있는 기쁨과 감사의 의미는 대체로 고정되어 있습니다. 특별히 감사는 무언가의 결론에 대한 반응이요, 풍요에 대한 반응이라고만 생각합니다. 풍요로운 결과가 있을 때 기뻐할 수 있는 것이고 그 기쁨이 있을 때 감사할 수 있는 것이라고 생각하기 때문입니다. 시련과 고통이 끝나지 않고 진행될 때에는 감사하기가 불가능하고 그런 상황에서 기뻐하는 것은 정신 나간 일처럼 여겨집니다.

그렇다면 정말 고난과 시련 중에는 감사할 수 없고 기뻐할 수도 없는 것일까요? 여기에 대해 디트리히 본회퍼(Dietrich Bonhoeffer, 1904-1944)는 그리스도인들이 당하는 '고통'을 다음과 같이 표현했습니다.

주변에서 일어나는 모든 일들이
수수께끼처럼 도무지 이해할 수 없고

들려오는 모든 말이 하나님의 비밀을 파괴하는 듯하며
마지막 날에 대해서는
암울한 시간이 있을 것입니다.
그러한 때가 오면
암담한 현실 앞에서
말로는 표현할 수 없는 비밀을 믿는 우리에게
믿음에 대해 말하려는 모든 시도는
생기를 잃고 공허해지는 것처럼 보입니다.

감수성이 예민한 사람들은
여러 가지 실망스런 일들을 반복해서 겪게 되면
쉽게 허무주의에 빠져 체념해버리기 쉽습니다.

그러므로 하나님과 고통이 서로 모순되지 않으며
오히려 필연적으로 일치하는 관계임을
일찍 배울수록 유익할 것입니다.

본회퍼는 하나님을 믿는 믿음과 고통은 서로가 모순되지 않음을 배워야 한다고 말했습니다. 그렇다면 왜 모순이 되지 않을까요? 그것은 하나의 가치를 보는 기준이 서로 다르기 때문입니다.

잘 알려진 재미있는 얘기가 있습니다. 아버지와 아들이 목욕탕에 갔는데 아버지가 뜨거운 탕에 들어가면서 "어~ 시원하다"라고 말합니다. 어린 아들이 그 말을 듣고 물에 첨벙 뛰어들어갔다가 놀라 소리를 지릅니다.

"앗 뜨거! 세상에 믿을 사람 하나도 없네!"

"……??"

이 짧은 이야기 가운데 깊이 생각해볼 것이 있습니다. 여기에서 아버지는 아들의 표현대로 거짓말을 한 것일까요? 아닙니다. 아버지는 진실을 말했을 뿐입니다. 아니, 탕의 물이 뜨거우면 뜨거울수록 아버지는 시원하다 느꼈을 것입니다. 뜨거운 물이 사람의 몸을 시원하게 해주는 것은 모순일까요? 그것은 모순도 아니고 거짓도 아닙니다. 그것은 오히려 진실입니다. 아버지의 시원하다는 기준과 아들의 기준이 다른 것뿐입니다.

성경은 그 기준을 말해줍니다. 그것은 바로 '그리스도 예수 안에서'라는 것입니다. 성경은 우리가 예수 안에 있으면 우리가 당하는 모든 고난과 아픔과 슬픔이 감사의 조건이 될 수 있으며 기쁨의 이유가 될 수 있다고 말합니다. 그것은 고통과 시련이 주는 유익이 크기 때문입니다.

우리가 나그네와 같이 이 땅을 살아가면서 당하게 되는 시련과 아픔은 우리에게 두 가지 유익을 줍니다.

첫째, 이 땅을 살아갈 때 우리를 강하게 만들어줍니다. 하나님이 우리를 연단해 하나님의 강한 사람으로 쓰시기 위함입니다. 더 큰 시련을 이겨낼 수 있도록 하시기 위함입니다. 욥은 그 대표적인 인물입니다. 욥은 고난을 받을 때 그 고난의 의미를 이렇게 말했습니다.

> 그러나 내가 가는 길을 그가 아시나니 그가 나를 단련하신 후에는 내가 순금같이 되어 나오리라(욥 23:10).

둘째, 주를 만날 때 흠 없이 보전되게 합니다. 이 땅에서의 삶은 나그네 삶입니다. 더 중요한 영원의 삶이 우리를 기다리고 있습니다. 우리는 그 부활의 삶, 천국의 삶을 꿈꾸어야 하는데 정작 소중한 것을 잊고 있습니다. 고난과 시련은 우리 삶의 여정을 다시 돌아볼 수 있게 하고 바른길을 찾도록 해주는 유익이 있습니다. 그래서 성경에서도 고난은 주님을 만날 때 거룩하고 순전하게 되도록 하기 위함이라고 말합니다.

> 평강의 하나님이 친히 너희를 온전히 거룩하게 하시고 또 너희의 온 영과 혼과 몸이 우리 주 예수 그리스도께서 강림하실 때에 흠 없게 보

전되기를 원하노라(살전 5:23).

시련과 고통 중에 있는 분들에게 이 말씀은 큰 힘이 됩니다. 고통이 반전이 되어 기쁨이 될 수도 있지만, 고통이 그냥 고통으로 끝날 수도 있습니다. 그러면 기쁨은 없는 것일까요? 감사는 물 건너간 것일까요? 아닙니다. 그리스도 안에서 분명한 유익을 볼 수 있어야 합니다.

시련과 고통을 통해 우리가 나그네와 같이 이 땅에서 잠시 사는 동안 강건해져서 우리의 영과 혼과 몸이 주님을 만날 때까지 온전하게 보전되기를 기도합니다.

옥합
깨뜨리기

  콤플렉스(Complex)가 무슨 뜻인지 물으면 대개 '강박관념'이나 '과도한 혐오', '고정관념' 등으로 이해합니다. 그러나 콤플렉스는 원래 '복합체'라는 뜻입니다.

  이 단어를 사람에게 처음으로 적용한 심리학자는 칼 융입니다. 융은 사람의 무의식 속에 좋지 않은 감정, 사고, 기억의 복합체가 있어서 사람들이 그것에 얽매여 있다고 했습니다. 그 복합체가 사람의 마음을 빼앗아 다른 것을 생각할 수 없도록 만든다는 것입니다. 자신의 학력 때문에 다른 것을 생각할 수 없도록 만든다거나 자신의 외모 때문에 정상적인 활동을 하지 못할 정도가 되면 그것이 바로 콤플렉스인 것입니다. 그래서 융은 인간이 콤플렉스를 갖는 것이 아니라 콤플렉스가 인간을 갖는 것이라고 말했습니다.

  누구에게나 콤플렉스는 있습니다. 일상생활을 방해할 만큼 우리의 마음을 빼앗아가는 좋지 않은 감정이나 사고가 있습니다. 혹 당신을 힘들게 하는 콤플렉스가 있다면 그것은 무엇입니까? 돈입니까? 성격입니까? 학력입니까? 출신입니까? 아니면 외모입니까?

◦ ◦ ◦

여기 콤플렉스가 많은 한 여인이 있습니다. 마리아라 하는 그 여인은 깨끗하지 못한 과거와 현실, 그리고 자신의 죄책감, 또 사람들의 따가운 시선, 이런 것들이 복합적으로 작용해 도저히 일상생활을 정상적으로 할 수 없는 그런 여인이었습니다. 적절하지 못한 직업을 갖고 죄를 많이 지었던 마리아는 나드 향이 든 옥합 한 병을 가지고 예수님께 나아와 그 옥합을 깨고는 나드 향을 예수님께 부었습니다.

나드 향은 당시 너무 비싸서 사람들이 쉽게 갖지 못했습니다. 동인도와 스리랑카에서만 생산되는 것으로 '스타키스 자타만시'라는 식물에서만 조금씩 추출되는 향이었습니다. 그런 나드 향을 마리아는 한 근이나 가져왔습니다.

> 마리아는 지극히 비싼 향유 곧 순전한 나드 한 근을 가져다가 예수의 발에 붓고 자기 머리털로 그의 발을 닦으니 향유 냄새가 집에 가득하더라(요 12:3).

히브리 사람들에게 한 근은 340g으로 나드 향 한 근은 당시의 가치로 300데나리온 정도였습니다. 300데나리온은 성인 남성의 일 년 치 임금이니까 얼마나 비싼 향인지 짐작이 갈 것입니다.

그런데 이 여인은 왜 나드 향을 갖고 있었을까요? 직업상 자신을 꾸미기 위함이었을까요? 남자들에게 좋은 향기를 주고 싶었을까요? 아닙니다. 이것은 보다 내면적으로 생각해봐야 합니다. 그녀는 콤플렉스가 많은 여인입니다. 죄책감에 사로잡혀 사는 여인이었습니다. 아무것도 내세울 것이 없는 사람입니다. 그러기에 옥합은 그녀에게 있어서 유일한 보상이었고 유일한 위로였습니다. 피난처였고, 자랑이었습니다. 남들이 갖고 싶어도 갖지 못하는 것을 소유함으로 자신의 존재감을 느끼고 위로를 얻었던 것입니다. 나드 향은 그녀가 콤플렉스를 감추는 도구였습니다.

그런데 이 여인이 예수님 앞에 나아와 그 옥합을 깨뜨렸습니다. 이것은 단순히 나드 향을 주님을 위해 바쳤다는 것을 의미하지 않습니다. 그것은 여인의 콤플렉스를 감추고 있던 담을 헐어버렸다는 의미입니다. 즉 자신의 콤플렉스를 솔직히 주 앞에 내어놓았다는 뜻입니다. 무장해제입니다. 나를 포장하고 있던 나의 거짓된 모습을 버리고 내 모습 그대로 나를 주 앞에 내어놓은 것입니다. 상처받은 내가 위로받고 있는 유일한 것을 깨어버린 것입니다. 콤플렉스로 인해 좌절감에 젖어 있던 내가 유일하게 심적으로 보상받으며 살았던 그것을 포기하는 것을 의미합니다.

그런데 예수님은 여기에 중요한 개념 하나를 더 우리에게 말씀해주십니다. 그것은 그 여인의 행위, 즉 옥합을 깨뜨린 것이 예수님의 장례를 준비하는 선언이라는 것입니다.

그는 힘을 다하여 내 몸에 향유를 부어 내 장례를 미리 준비하였느니라(막 14:8).

이것은 또 무슨 의미일까요? 이것은 옥합을 깨뜨린 것과 예수님의 죽으심이 연관이 있다는 것입니다. 그것은 단순히 시신의 냄새를 걷어내기 위한다는 의미가 아닙니다. 여기에는 예수님의 죽으심이라는 깊은 의미가 들어가 있는 것입니다.

예수님은 죄인 된 우리를 위해 죽으셨습니다. 우리에게 진정한 자유를 주기 위해, 그리고 우리를 당당한 하나님의 자녀로 살게 하기 위해 십자가에서 돌아가셨습니다. 우리가 예수님의 죽으심을 헛되게 하지 않는 길은 당당하게 살아가는 것입니다. 자유를 누리며 사는 것입니다. 우리가 하나님의 자녀임을 느끼며 기쁨으로 사는 것입니다. 그것이 바로 예수님의 죽음을 헛되게 하지 않는 것입니다. 예수님은 우리의 모든 죄, 허물, 나아가 우리를 억누르고 있는 콤플렉스까지 깨끗이 씻어주기 위해 죽으셨기 때문입니다.

그러기에 예수님이 가장 기뻐하시는 것은 우리가 우리 모습 그대로를 부끄러워하지 않고 당당하게 사는 것입니다. 나를 감추고 있던 벽과 담을 허물고 주님 앞에 담대히 나아가는 것입니다.

◉ ◉ ◉

우리가 바른 신앙을 갖기 위해 행해야 할 것은 무엇일까요? 하나님의 자녀로서 우리가 취해야 할 모습은 무엇일까요? 그것은 나를 가리고 있었던 옥합을 깨는 것입니다. 나를 감추기 위해 피난처로 삼았던 옥합, 나를 잊어버리기 위해 열심히 찾았던 옥합, 상처 입은 삶을 위로받고 보상받기 위해 꼭 움켜쥐었던 그 옥합을 주님 앞에서 깨는 것입니다.

콤플렉스에 눌려 아무것도 못하는 것이 아니라 그것을 감추려고 쌓았던 담을 헐고 주님 앞에 그 콤플렉스를 갖고 나아가야 합니다. 솔직한 모습으로, 순수한 모습으로 하나님 앞에 서야 합니다. 그리고 하나님이 우리에게 주신 자유를 누려야 합니다. 그것이 바로 그리스도 예수의 죽으심을 헛되게 하지 않는 것입니다.

예수님을
담은 그릇

역사상 가장 훌륭한 성자를 꼽으라면 아마 많은 사람이 『참회록』을 쓴 성 어거스틴을 꼽을 것입니다. 어거스틴은 가톨릭교회에서 뽑은 역대 4대 성자 중 한 명이기도 합니다.

그는 AD 354년 아프리카 북부 알제리에서 태어났습니다. 아버지는 이교도였고 어머니 모니카만 그리스도인이었는데, 16세에 지금의 튀니지인 카르타고에 유학, 마니교에 빠지면서 기독교를 부인하게 되었습니다. 머리는 총명했으나 생각이 음탕해 17세에 여자와 동거해 14년을 살면서 아들을 낳고 이후 어머니와 단절, 아들의 죽음으로 인해 더욱 방탕한 삶을 살게 되었습니다.

그는 자신이 살던 도시 카르타고에서 200여 명의 직업여성들과 어울리는 것을 낙으로 삼을 정도로 방탕한 생활을 했는데, 그러던 중 밀라노 주교인 암브로시우스의 설교를 듣고 33세의 나이에 회심을 하게 되었습니다. 그 후 76세에 죽을 때까지 자신의 죄악 된 삶에 대해 얼마나 철저하게 회개하는 생활을 했는지, 그가 죽은 후 많은 사람이 그를 최고의 성자라고 불렀습니다. 그는 역대 최고의 신학자, 역대 최고의 교부, 역대 최고의 그리스도인이라는 별명을 갖고 있기도 합니다.

그런데 어떻게 그런 일이 가능했을까요? 그렇게 추악하고 방탕한 삶을 살았던 사람이 누구나 다 인정하는 성자의 모습으로 어떻게 변할 수 있었을까요? 그 답은 성 어거스틴의 기도문에서 알 수 있습니다. 어거스틴의 기도문을 보면 하나님이 얼마나 놀라우신 분인지 알게 됩니다. 아무리 못되고 추잡한 사람이라도 주님은 고쳐주시기 때문입니다.

전능하신 하나님,
우리의 심령 속에 들어오셔서
당신의 사랑으로 채워주시옵소서.
그리하여 모든 죄악 된 생각을 버리고
유일한 선의 근원이신 주님만 모시고 살게 하옵소서.
오 하나님, 나에게 자비를 베풀어주시옵소서.
하나님이 나와 어떠한 관계인지를 알게 하시고
'나는 너의 구원이다'라고 내 영혼에 말씀하여 주시는

그 음성을 듣게 하여 주시옵소서.
주여, 나의 심령을 맡기오니
내 귀를 여셔서
주의 음성을 듣게 하옵소서.
그 음성을 따라 살게 하옵소서.

　　　　　◦ ◦ ◦

    예수님은 유대 땅 베들레헴에서 태어나셨습니다. 유대인들은 베들레헴이 작다고 생각했습니다. 그래서 그곳 베들레헴에서는 왕이 나오지 않을 것이라 여겼습니다. 그러나 유대인들이 베들레헴이 작다고 생각한 이유는 단순히 베들레헴의 규모가 작아서가 아니었습니다.

    역사적으로 보면 유대인들에게 베들레헴은 특별한 의미가 있는 장소였습니다. 사사 시대에 에브라임에 사는 어느 레위 사람이 베들레헴에서 첩을 구했습니다. 베들레헴은 베냐민 지파의 도시로 베냐민 사람들이 살던 곳입니다. 그런데 그 여자는 남자를 너무 좋아해 다른 남자와 행음하고는 친정 베들레헴으로 가버렸습니다. 레위 사람이 여자를 데려오려고 베들레헴으로 가서 장인에게 정중하게 인사하고는 여자를 데리고 오다가 베냐민 지역의 기브아에서 하룻밤을 묵었습니다.

한 노인의 집에 들어가 잠을 자는데, 그 지역 불량배들이 와서 노인에게 손님들을 내어달라고 협박을 했습니다. 노인이 손님에게 그러면 안 된다고 자기의 딸을 내주겠다고까지 했지만 불량배들은 그 레위 사람의 첩을 강제로 끌어다가 밤새 욕보이고 새벽에야 돌려보냈습니다. 여자는 겨우겨우 남편이 있는 그 노인의 집에 와서는 문 앞에서 쓰러져 죽고 말았습니다.

레위 사람은 죽은 여자를 데리고 집으로 돌아가 시신을 토막으로 자르고 그 토막을 지파로 보내 베냐민 사람들의 만행을 알렸습니다. 이스라엘 전체 지파가 격분해 베냐민 지파에게 용서를 빌라고 했지만 베냐민 지파는 용서를 빌지 않고 싸우겠다고 했습니다. 결국 이스라엘 전체 40만 명의 군사가 베냐민 2만 6,000명의 군사와 전쟁을 벌여 베냐민 지파의 모든 남자를 다 죽이고 말았습니다. 이스라엘 자손들끼리 피비린내 나는 전쟁을 처음으로 하게 된 것입니다.

이 끔찍한 사건의 발단은 음란해서 음행을 좋아한 베들레헴 여인으로부터 시작되었고, 또 음탕한 베냐민의 불량배들에 의해 엄청난 범죄가 저질러졌습니다. 그래서 이스라엘 사람들은 베들레헴 하면 윤리적으로, 기질적으로 좋지 않다는 생각을 했던 것입니다. 즉 여성들은 행실이 좋지 못한 음란한 사람들로, 남성들은 성품이 거칠고 매우 악한 사람들로 생각했던 것입니다. 그래서 사람들은 누가 뭐라 해도 베들레헴에서는 왕이 나올 수 없다고 생각했던 것입니다.

그런 땅, 음란하고 매우 거친 범죄의 땅에 하나님은 예수 그리스도를 보내셨습니다. 그것은 우리가 아무리 음란하고, 추악하고, 더럽고, 거친 삶을 살았다 해도 그 삶에 예수 그리스도께서 오시면 변할 수 있다는 메시지입니다. 즉 세상 그 어느 누구도 예수님을 영접할 수 있다는 메시지입니다.

◐ ◐ ◐

깨끗하게 살아오셨습니까? 성결하게 사셨습니까? 육체의 쾌락과 정욕을 이기지 못하고 살지는 않으셨나요? 가서는 안 될 곳을 가고, 봐서는 안 될 것을 보지는 않으셨나요? 또한 인간관계는 어떠셨습니까? 정말, 남을 배려하며 살아오셨습니까? 진정, 사랑을 나누며 살아오셨습니까? 아니면 언제나 상처를 주고받으며 살지는 않으셨는지요? 마음의 분노를 언제나 표출하며 살지는 않으셨습니까? 말과 행동으로 상대방의 마음에 상처를 입히지는 않으셨습니까?

우리에게 아직도 제어할 수 없는 음란한 생각과 마음대로 되지 않는 거친 생각들이 있다면 우리에게도 예수님이 필요합니다. 예수 그리스도께서 오셔야 합니다. 과거에 좋지 않은 경험들, 방탕했던 생활들, 남에게 피해만을 주던 악한 행동들, 그런 것들로 인해 나는 아무것도 할 수 없다고 생각하는 사람들에게 예수 그리스도께서 오신 것입니다.

우리가 하나님 앞에서 우리를 깨끗하게 비워 예수님을 담으면 더 이상 작은 자가 아니라는 것, 우리의 과거가 아무리 좋지 않다 해도 예수님을 간직하고 있다면 그 사람을 통해서도 하나님은 하나님의 계획을 이루신다는 것, 예수님의 오심에 그 희망을 가져야 합니다.

우리가 인생의 목적지로 가려고 할 때 가장 힘써야 하는 것은
예수님을 우리 인생의 배에 모시는 것입니다.
예수님을 나의 배에 태우는 것, 그분과 함께 가는 것,
그것을 성경은 임마누엘이라고 말합니다.

Part 4

알 수 없는 미래로
불안한 당신에게

태도가 93%다

직장인들이나 젊은 학생들에게 세상적인 성공이 선망의 대상이 되면서 성공하는 비결에 대한 책들이 오래전부터 쏟아지듯 나오고 있습니다. 이런 유행을 몰고 온 대표적인 사람은 스티븐 코비(Stephen Covey)라고 생각합니다. 그는 이미 1994년에 『성공하는 사람들의 7가지 습관』이라는 책을 펴냈는데, 이 책은 전 세계적인 베스트셀러로 미국뿐 아니라 한국의 많은 기업에서도 사원들의 교육 텍스트로 쓸 만큼 인기가 많았습니다.

이 책에서 저자는 정말 성공하고 싶다면 누구든지 공감할 만한 7가지의 습관을 꼭 가지라고 말하고 있는데, 그것들을 잘 보면 모두 태도에 대해서 말하는 것임을 알 수 있습니다. 즉 능력이나 특별한 기술을 가지라고 말하는 것이 아니라 삶의 태도, 일에 대한 태도를 바꾸라고 요구하고 있습니다. 기술과 능력보다 태도가 좋아야 그 분야에서 성공할 수 있다고 말하는 것입니다.

사회심리학자들은 사람이 성공하는 요인으로 4가지를 꼽고 있는데 그것은 지능, 지식, 기술, 태도라고 합니다. 그런데 그 4가지 중에 태도가 차지하는 비율이 약 93%라는 것입니다. 지능과 지식, 기술도 물론 일을 해나가는 데 중요하겠지만 태도가 가장 중요하다는 말일 것입니다.

우리는 모두 성공을 꿈꾸고 있습니다. 꿈꾸는 대로 모두 다 꿈을 이룰 수만 있다면 얼마나 좋겠습니까? 그러나 모두가 공감하듯이 우리 매일매일의 삶은 굴곡이 심한 롤러코스터와도 같습니다. 성공과 실패가 연속적으로 경험되고, 행복과 불행이 늘 밀접하게 붙어 있어 전혀 예측할 수 없는 삶을 살아갑니다. 우리는 그 속에서 나름대로 어떻게든 신앙으로 문제를 풀고자 애를 쓰며 살아갑니다.

어떻게 하면 신앙을 통해 성공적인 삶을 살 수 있을까요? 자세가 제일 중요하다는 것은 신앙에 있어서도 마찬가지입니다. 신앙의 지식도 물론 중요하고 기술도 소홀히 해서는 안 되지만, 가장 중요한 것은 역시 신앙의 자세입니다. 왜냐하면 신앙생활은 하나님 앞에서의 삶의 자세이기 때문입니다. 하나님이 우리를 보실 때 우리의 자세를 더 주의 깊게 보시기 때문입니다. 그런 의미에서 우리는 마르틴 루터(Martin Luther)의 말에 귀를 기울여야 할 필요가 있습니다.

우리가 세상에 살면서 제일 빠지기 쉬운 위험이 두 가지 있습니다. 하나는 기도하지 않고 일하는 것과 또 하나는 일하지 않고 기도하는 것입니다.

신앙인의 자세를 말해주는 중요한 가르침이 아닐 수 없습니다. 이 말이 나오게 된 배경은 이렇습니다. 중세 수도원의 생활은 지나치리만큼 율법주의로 흐르고 있었습니다. 일부 신앙인들, 특히 종교 지도자들은 일은 하지 않고 기도만 하는 경우가 많았습니다. 기도만 하면 하나님이 모든 것을 기도하는 대로 다 이뤄주실 것이라 믿고 있었던 것입니다. 그런데 이런 상황은 중세에만 있었던 것이 아닙니다. 오늘날 우리 주변의 신앙인들 가운데서도 많이 나타나는 현상입니다. 공부는 하지 않고 좋은 결과를 바라며 기도하는 행위, 노력은 하지 않고 성공하기를 바라는 막연한 기도, 이런 모습들이 우리 가운데 참으로 많이 있음을 부인할 수 없습니다.

루터의 그 말이 나오게 된 또 하나의 배경은 반대로 기도 없이 일만 하는 교인들 때문이었습니다. 자신의 능력을 믿고 자신의 의지와 계획대로 살아가려는 사람들이 있습니다. 그러나 삶은 우리가 열심히 일하는 것만으로 모든 일이 잘 해결되는 것이 아닙니다.

그것은 조금만 살아본 사람이라면 누구나 알 수 있는 것입니다. 세상은 매우 험난합니다. 나의 의지와는 관계없이 한순간의 실수로 많은 것을 잃을 수도 있고, 또 본인의 노력과는 관계없이 일이 엉뚱하게 꼬일 때도 있습니다.

우리의 생은 한순간의 말이나 행동, 선택으로 인해 얼마든지 그 길이 변할 수 있습니다. 그런데 그것은 우리의 능력으로 바꿀 수 있는 것이 아닙니다. 마치 우리의 출신과 성장 배경을 바꿀 수 없듯이 말입니다. 그러나 자세는 바꿀 수 있습니다. 이미 이루어진 상황은 바꿀 수 없어도 하나님 앞에서의 신앙의 자세는 바꿀 수 있는 것입니다. 생의 가장 중요한 시점에서 하나님을 찾아 기도하는 것, 하나님을 의지하는 것은 좋은 자세가 됩니다.

● ● ●

사사기를 보면 이스라엘의 사사 중에 입다라는 인물이 나옵니다. 그런데 입다의 출신 배경이 놀랍습니다. 기생이 낳은 아들이었기 때문입니다. 적자와 서자의 구분이 뚜렷했던 옛 이스라엘에서는 어떤 일도 하기 힘든 사람이었습니다.

길르앗 사람 입다는 큰 용사였으니 기생이 길르앗에게서 낳은 아들이었고 길르앗의 아내도 그의 아들들을 낳았더라 그 아내의 아들들이 자라매 입다를 쫓아내며 그에게 이르되 너는 다른 여인의 자식이니 우리 아버지의 집에서 기업을 잇지 못하리라 한지라 이에 입다가 그의 형제들을 피하여 돕 땅에 거주하매 잡류가 그에게로 모여 와서 그와 함께 출입하였더라(삿 11:1-3).

그러나 사사기는 우리에게 교훈을 주고 있습니다. 그것은 도무지 지도자가 될 수 없는 사람들도 지도자가 된다는 것입니다. 하나님이 세우시면 된다는 것을 보여주고 있습니다.

사사 에훗은 베냐민 지파였고 왼손잡이였습니다. 이는 이스라엘의 지도자로는 뽑힐 수 없는 조건들이었습니다. 사사 드보라는 여자였습니다. 그것도 이미 결혼을 한, 한 남자의 아내였습니다. 그리고 입다는 기생의 아들로 잡류라 했습니다. 건달패를 말하는 것입니다. 그러나 그런 잡류의 인생이라 하더라도 하나님은 하나님을 찾는 사람들을 가만히 놔두지 않으셨습니다. 하나님은 그들에게 세상을 맡기신 것입니다. 그들은 하나님을 찾는 일에 최선을 다해 노력했고 하나님은 그들을 높여주셨습니다. 잡류를 들어 쓰시는 하나님을 보면 바울의 고백이 생각납니다.

그러나 하나님께서 세상의 미련한 것들을 택하사 지혜 있는 자들을 부끄럽게 하려 하시고 세상의 약한 것들을 택하사 강한 것들을 부끄럽게 하려 하시며 하나님께서 세상의 천한 것들과 멸시받는 것들과 없는 것들을 택하사 있는 것들을 폐하려 하시나니 이는 아무 육체도 하나님 앞에서 자랑하지 못하게 하려 하심이라(고전 1:27-29).

출신이 잡류여도 관계없습니다. 하나님 앞에서 바른 자세를 갖는 사람들, 그들에게 하나님은 이 땅을 맡기십니다.

갈렙, 그 사람이
사는 법

『삼국지』를 보면 촉나라 조운 장군이 출사표를 던지고 북벌을 위해 위나라와 싸우려고 나가는 제갈공명에게 자신도 전쟁터에 데리고 가줄 것을 호소하는 장면이 나옵니다. 그때 조운 장군의 나이는 이미 70세였습니다. 그는 자신도 아직 싸울 기운이 있으니 꼭 데려가달라고 간절히 부탁했습니다.

성경에도 조운과 비슷한 장수가 한 명 있습니다. 그는 조운보다 훨씬 나이가 많은 85세의 노인이었습니다. 그는 이스라엘의 지도자인 여호수아에게 자신도 전쟁터에 나가겠으니 보내달라고 간청을 했습니다. 바로 갈렙입니다. 이스라엘 백성이 가나안 땅에 들어가 땅을 분배할 때 가장 험악한 헤브론 산지에 자신을 보내달라고 한 85세 노인이 갈렙이었던 것입니다.

이제 보소서 여호와께서 이 말씀을 모세에게 이르신 때로부터 이스라엘이 광야에서 방황한 이 사십오 년 동안을 여호와께서 말씀하신 대로 나를 생존하게 하셨나이다 오늘 내가 팔십오 세로되 모세가 나를 보내던 날과 같이 오늘도 내가 여전히 강건하니 내 힘이 그때나 지금이나 같아서 싸움에나 출입에 감당할 수 있으니 그날에 여호와께서 말씀하신 이 산지를 지금 내게 주소서 당신도 그날에 들으셨거니와 그곳에는 아낙 사람이 있고 그 성읍들은 크고 견고할지라도 여호와께서 나와 함께하시면 내가 여호와께서 말씀하신 대로 그들을 쫓아내리이다(수 14:10-12).

요즘은 100세 시대를 살고 있으나 85세면 자신의 몸 가누기도 힘든 나이입니다. 바깥 활동을 한다는 것을 생각하기 힘들고 도움이 없이는 동네를 벗어나기도 쉽지 않은 나이인 것입니다. 아무리 정정하다고 해도 땅 분배를 받는다면 산지가 아닌 평지를 요구해야 하는 나이입니다.

그런데 갈렙은 가나안 지역에서 가장 정복하기 힘든 땅, 그래서 아낙 사람들과 한판 전쟁을 치러야 하는 바로 그 땅으로 자신을 보내달라고 했습니다. 갈렙은 85세에 어떻게 그런 의지를 가질 수 있었을까요? 그것은 하루아침에 이루어질 수 있는 것이 아닙니다. 그것은 오랜 삶의 자세에서 나오는 것인데, 성경은 그 비결을 다음과 같이 말해주고 있습니다.

다만 여호와를 거역하지는 말라 또 그 땅 백성을 두려워하지 말라 그
들은 우리의 먹이라 그들의 보호자는 그들에게서 떠났고 여호와는 우
리와 함께하시느니라 그들을 두려워하지 말라 하나(민 14:9).

그렇습니다. 비결은 역시 하나님의 말씀을 거역하지 않는 것입
니다. 오래전 12명의 정탐꾼에 속해 가나안을 정탐한 후 모세에게
보고를 할 때 여호수아와 갈렙은 다른 10명의 정탐꾼과는 다른 의
견을 냈었습니다. 가나안 땅에 들어가 한판 전쟁을 치러도 승산이
있다는 견해를 냈던 것입니다. 그때 갈렙은 여호수아보다 먼저 자
신의 의견을 이스라엘 백성 앞에 말했습니다. 다른 10명의 정탐꾼
에 맞서 다른 의견을 낼 수 있었던 것은 그가 하나님이 이스라엘
백성을 가나안으로 이끄신다는 하나님의 약속을 믿고 그 말씀을
거역하지 않았기 때문입니다. 그런 모습에 대한 하나님의 평가는
이렇습니다.

그러나 내 종 갈렙은 그 마음이 그들과 달라서 나를 온전히 따랐은즉
그가 갔던 땅으로 내가 그를 인도하여 들이리니 그의 자손이 그 땅을
차지하리라(민 14:24).

세상의 눈으로는 불안하고 연약해 보이지만, 그래서 불가능해
보이고 절망적으로 보이지만 갈렙은 하나님의 약속을 기억하고 그

말씀을 그대로 믿었습니다. 모든 백성이 불안해하며 반대를 해도 하나님 편에서 하나님의 말씀을 따랐습니다. 그렇게 평생을 살 때 그는 언제나 실패하지 않는 삶을 살게 되었고, 85세가 되어서도 하나님의 약속을 믿고 전장에 나가는 사람이 되었습니다.

또한 갈렙은 눈에 보이는 문제를 결코 두려워하지 않았습니다. 눈에 보이는 문제를 두려워하지 않는다는 것은 눈에 보이는 문제만 보는 것이 아니라 그 뒤에 있는 하나님의 손길을 본다는 것을 의미합니다.

◐ ◐ ◐

우리가 당하는 모든 문제는 그 뒤에 하나님의 의도가 있습니다. 기쁠 때, 힘들 때, 건강할 때, 건강을 잃었을 때, 그 어떤 순간에도 하나님의 계획이 있습니다. 우리가 두려움을 느끼는 이유는 눈에 보이는 현상만을 보기 때문입니다. 하나님을 보지 못하면 우리는 좌절합니다. 모든 문제의 뒤에 계시는 하나님을 볼 수 있어야 합니다. 그럴 때 우리는 두려움을 극복할 수 있습니다. 갈렙은 평생 그렇게 산 인물입니다. 그런 갈렙이기에 그는 85세가 되어서도 하나님의 손길을 여전히 볼 수 있었던 것입니다.

어떻게 나이를 먹어야 할까요? 무엇을 부러워하며 인생을 살아야 할까요? 갈렙같이 85세가 되어도 하나님의 일을 크게 감당할 수 있는 믿음과 용기를 가져야 합니다.

갈렙이 살았던 삶의 자세는 늦었다고 생각하는 이에게 큰 힘이 됩니다.

조금만,
조금만 더

  사울이 이스라엘의 첫 왕이 되었던 그때 이스라엘은 아직 국력이 약해 블레셋의 속국과도 같은 처지였습니다. 때문에 언제나 블레셋의 눈치를 봐야만 했습니다. 사울이 왕위에 오른 후 얼마간 군사를 모으지 않은 이유도 블레셋의 심기를 건드리지 않기 위함이었습니다.

  그렇게 2년이 지난 어느 날, 사울왕은 처음으로 군사를 모집했습니다. 사울이 모집한 군사는 고작 3,000명, 그것도 2,000명은 자신이 데리고 있고 1,000명은 아들 요나단이 데리고 있었습니다. 그런데 요나단이 사고를 치고 말았습니다. 요나단이 강대국 블레셋을 공격했던 것입니다. 화가 단단히 난 블레셋이 이스라엘의 버릇을 고치기 위해 쳐들어왔습니다. 병거 3만 대, 마병이 6,000명, 그리고 해변의 모래알같이 많은 대군을 이끌고 이스라엘 진영으로 들어온 상황을 성경은 이렇게 묘사하고 있습니다.

이스라엘 사람들이 위급함을 보고 절박하여 굴과 수풀과 바위 틈과 은밀한 곳과 웅덩이에 숨으며(삼상 13:6).

이때 사울왕은 선지자 사무엘이 오기만을 기다렸습니다. 이유는 왕이 될 때 들은 하나님의 명령 때문이었습니다. 하나님은 사울왕에게 전쟁에 임할 때 7일을 기다렸다가 제사를 드린 후에 출전하라고 하셨습니다.

너는 나보다 앞서 길갈로 내려가라 내가 네게로 내려가서 번제와 화목제를 드리리니 내가 네게 가서 네가 행할 것을 가르칠 때까지 칠 일 동안 기다리라(삼상 10:8).

사울은 하나님의 명령을 기억하고 길갈에 가서 사무엘이 오기를 기다렸습니다. 거기까지는 좋았습니다. 문제는 그다음이었습니다. 7일간 기다리다가 사무엘의 도착이 늦어지자 사울은 불안했습니다. 불안을 이기지 못한 사울은 자신이 사무엘을 대신해서 하나님께 제사를 드렸습니다. 사울이 제사를 드릴 때 도착한 사무엘은 이 일에 대해 사울왕의 망령된 행동을 크게 책망했습니다.

사실 사울왕은 버틸 만큼 버텼습니다. 사울의 눈앞에 셀 수 없이 많은 블레셋 군사들이 버티고 있는데 백성이 자꾸 도망가는 이 상황을 견디기 힘들었던 것입니다.

백성이 사울에게서 흩어지는지라(삼상 13:8).

이해는 됩니다. 누구라도 그렇게 했을 것입니다. 백성과 군사가 두려워서 자꾸만 도망가는데 한시라도 빨리 대책을 세워야 할 것입니다. 그것이 왕의 역할입니다. 그러나 사울은 망령된 행위를 했다고 책망을 받았습니다. 여기에서 '망령된 행위'란 제사장의 역할을 대신했다는 것이 아닙니다. 그것은 하나님을 기다리지 못함에 대한 책망인 것입니다. 왜 끝까지 하나님을 신실하게 믿지 못했느냐는 것이었습니다.

◦ ◦ ◦

기다림은 믿음을 동반합니다. 믿음이 있을 때만이 끝까지 기다릴 수 있습니다. 우리 군사는 불과 3,000명밖에 되지 않지만 그마저도 자꾸 흩어져 약 600명밖에 남지 않았고, 블레셋 군사는 셀 수도 없을 만큼 많은데 제사장 사무엘을 기다리는 것이 무모해 보일 것입니다. 그래서 사울은 결국 마지막 몇 시간을 참지 못하고 자신이 문제를 해결하려고 했던 것입니다.

하나님의 시간은 사람이 참을 수 있는 시간보다 언제나 조금 더 뒤에 나타나는 것 같습니다. 문제는 우리가 그때까지 참을 수 있느냐 하는 것입니다. 믿음의 사람들은 그것을 참을 수 있어야 합니다. 사실 사울왕이 그 시험을 이겨냈다면 사울의 왕조는 오래도록 이어졌을 것입니다. 그러나 하나님은 그의 믿음 없음을 보시고 사울의 왕조를 끊어버리셨습니다.

눈에 보이는 고통스러운 상황이 너무 커서 믿음을 갖고 버티려 해도 더 이상 버티지 못하게 만드는 때가 있습니다. 믿음으로 문제를 해결해보려고 시도하다가도 결국 해결의 기미가 보이지 않아 다시금 세상의 방법으로 문제를 풀고 싶은 유혹을 받을 때가 많습니다. 그럴 때 어떻게 하시렵니까? 어렵지만 그럴 때에도 믿음으로 끝까지 승부를 걸어야 합니다.

우리는 얼마나 기다릴 수 있을까요? 요셉은 노예생활과 감옥생활을 13년간 했습니다. 그러면서 하나님께 기도했습니다. 야곱은 20년이 넘도록 형 에서와의 관계를 기도하며 기다렸고, 아브라함은 25년간 기다리며 하나님의 약속을 기억했습니다. 그리고 모세는 40년을 기다리며 훈련을 받았습니다. 시므온 할아버지와 안나 할머니는 평생의 세월을 기다렸습니다.

하나님이 계시다는 것을 아는 사람만이 기다릴 수 있습니다. 믿음이 있기 때문입니다. 믿음은 우리를 기다릴 수 있게 합니다. 사울은 믿음으로 하나님을 바라보고 기다릴 수 있어야 했는데 하나님을 보지 못하고 자신의 눈에 보이는 불안한 상황 속에서 조급하게 행동했습니다. 그런 사울에게 사무엘은 진정 하나님이 무엇을 원하고 계시는지, 하나님의 음성을 대신 말해주었습니다.

> 사무엘이 이르되 여호와께서 번제와 다른 제사를 그의 목소리를 청종하는 것을 좋아하심같이 좋아하시겠나이까 순종이 제사보다 낫고 듣는 것이 숫양의 기름보다 나으니(삼상 15:22).

처음부터 믿음으로 문제를 풀려고 애써왔음에도 불구하고 감당하기 힘든 상황이 닥치고 전혀 변화가 없으면 우리는 믿음을 포기하고픈 충동에 사로잡힙니다. 그러나 포기하지 말고 조금 더 기다려보십시오. 조금 더 하나님을 의지해보십시오. 하나님의 행동은 언제나 우리의 기다림의 한계, 바로 그 뒤에 나타나기 때문입니다.

죽 한 그릇만도
못합니까

　야곱과 에서는 쌍둥이입니다. 한날한시에 태어난 형제지만 에서가 먼저 나왔기 때문에 자연히 에서가 형입니다. 옛 유대인의 풍습으로 볼 때 형이라는 위치는 장자의 권세가 주어지는 자리입니다. 그런데 성경을 보면 에서는 나중에 이 장자의 권세를 죽 한 그릇에 야곱에게 팔아버렸습니다.

　야곱과 에서에 대한 성경의 기록을 통해 두 사람을 비교해보면 각자의 성격과 가치관을 잘 알 수 있습니다. 에서는 야곱에 비해서 비교적 성실했던 것 같습니다. 또 아버지의 사랑을 받았던 존재이고 남을 배려하는 모습이 그나마 야곱에 비해 좋았던 것 같습니다. 그에 비해 야곱의 성격은 그렇게 좋지 않았습니다. 그는 늘 자기만을 생각했고 욕심을 이기지 못해 항상 욕심대로 사는 모습을 보여주었습니다. 이기적인 성격의 소유자였던 것입니다. 성경은 야곱이 사는 모습을 통해 그가 얼마나 욕심이 많고 이기적이었는지를 잘 표현해주고 있습니다.

그렇다면 이 두 사람 중에 누가 더 성공할 가능성이 많을까요? 아니, 사회적 성공은 차치하고서라도 한 집안에서 누가 더 축복을 받을 가능성이 많을까요? 그것은 야곱보다는 에서 쪽입니다. 에서는 본래 맏아들로 태어났고, 아버지 이삭이 더 사랑했던 장자이고, 또 야곱에 비해 넉넉한 성품의 소유자였습니다. 이런 조건들을 종합해 본다면 야곱에 비해 에서에게 좀 더 후한 점수를 주게 되고, 그가 성공할 가능성도 많아 보입니다.

그러나 참 이상하게도 성경은 이 두 사람의 삶이 상식적으로 진행되지 않는 모습을 보여줍니다. 오히려 결과는 정반대로 나타납니다. 마땅히 맏아들이 물려받아야 하는 가나안 땅을 둘째인 야곱과 야곱의 후손들이 차지하게 되었고, 에서는 에돔 땅으로 밀려나게 되었습니다. 이스라엘의 남쪽으로 쫓겨나 그곳에서 살게 된 것입니다.

도대체 무엇 때문일까요? 그 이유가 궁금해지지 않을 수 없습니다. 성경에서는 에서가 야곱에게 죽 한 그릇에 장자의 명분을 파는 장면을 중요하게 부각시키고 있습니다. 여기 등장하는 죽은 '나지

드'라 불리는데 이스라엘 사람들이 즐겨 먹는 음식으로, 적갈색 콩을 끓인 진한 수프를 말합니다. 그러나 죽 한 그릇에 판 장자의 명분이란 가정의 통솔권, 상속권, 가나안 땅을 이어받을 계승권, 가정의 제사장 직권 등을 뜻하는 자녀의 권세입니다. 그러기에 이 장자의 명분은 영적인 의미가 더 큽니다. 그것은 하나님이 정하신 규정이요, 하나님이 정하신 법칙인 것입니다.

그런데 에서는 그 귀한 가치를 죽 한 그릇 취급도 안 했습니다. 배가 고파서 하나님의 규정과 하나님의 법칙을 버렸습니다. 에서는 하나님의 규정과 하나님의 법칙이 자신에게 죽 한 그릇도 주지 못한다고 생각한 것입니다.

> 에서가 이르되 내가 죽게 되었으니 이 장자의 명분이 내게 무엇이 유익하리요(창 25:32).

에서는 죽(먹을 것)이 없어 죽게 되었다고 생각했습니다. 그러나 하나님은 분명 우리에게 가르쳐주십니다. 먹을 것이 없어 우리가 죽는 것이 아니라고 말씀하십니다.

> 주 여호와의 말씀이니라 보라 날이 이를지라 내가 기근을 땅에 보내리니 양식이 없어 주림이 아니며 물이 없어 갈함이 아니요 여호와의 말씀을 듣지 못한 기갈이라(암 8:11).

예수님은 사람이 떡으로, 밥으로, 죽으로 사는 것이 아니라고 말씀하십니다. 떡보다, 밥보다, 죽보다 더 중요한 것이 있다고 말씀하십니다. 그것은 조금만 생각해도 알 수 있는 삶의 개념입니다. 반면 야곱은 하나님의 규정과 하나님의 법칙을 귀한 것으로 알고 그것을 얻은 사람입니다.

천국은 마치 밭에 감추인 보화와 같으니 사람이 이를 발견한 후 숨겨 두고 기뻐하며 돌아가서 자기의 소유를 다 팔아 그 밭을 사느니라(마 13:44).

결국 하나님의 규정과 법칙을 소중히 여긴 사람이 가나안의 주인이 되었던 것입니다. 하나님은 하나님의 규정과 법을 소중히 여긴 사람에게 밥만 주신 것이 아니라 가나안을 소유할 수 있도록 해주셨습니다.

◐ ◐ ◐

우리에게도 장자권이 있습니다. 교회에 나아가 예배하는 것, 하나님께 기도하는 것, 하나님을 의지하는 것, 그렇게 믿음으로 사는 것이 장자권입니다. 그것은 우리의 특권인 것입니다. 그런데 많은 사람이 생각합니다. 그것은 우리에게 밥 한 그릇, 아니 죽 한 그릇도 주지 못한다고 생각합니다.

　돈을 벌기 위해, 사업을 잘하기 위해, 소중한 손님을 만나기 위해 주일에 하나님을 만나는 일을 소홀히 여기는 사람들이 많이 있습니다. 죽 한 그릇에 장자권, 즉 하나님의 자녀 권세를 파는 것입니다. 교회에 나가면 교회가 밥 먹여 주냐며 하나님을 만나는 일을 소홀히 여기는 것입니다. 참으로 위험한 일이 아닐 수 없습니다.

　하나님께 가면 하나님이 밥 먹여주시나요? 예, 밥 먹여주십니다. 밥만 먹여주시는 것이 아니라 우리의 삶을 풍성하게 만들어주십니다. 젖과 꿀이 흐르는 가나안을 소유한다는 것은 그만큼 우리 인생이 풍성하고 행복할 것을 암시해주는 것입니다.

　세상의 그 어떤 것으로도 하나님을 섬기는 일과 바꾸지 마시기를 바랍니다. 세상의 그 어떤 가치 있는 것으로도 하나님의 말씀의 가치와 바꾸지 마시기를 바랍니다. 하나님의 규정과 하나님의 법과 하나님의 말씀은 밥 한 그릇과 바꿔서는 절대로 안 되는 것입니다. 그 안에 우리의 생명과 삶의 모든 것이 들어 있기 때문입니다.

　하나님의 법을 소중히 붙들고 살 때 삶의 풍성함이 느껴질 것입니다.

인생의 두 기둥

　다윗은 생전에 하나님을 위해 성전을 짓고 싶어 했습니다. 그러나 하나님은 그가 전쟁을 많이 치른 장군으로, 그 손으로 피를 많이 흘렸기에 성전을 짓는 일에 합당하지 않다고 하며 허락하시지 않았습니다. 아무리 하나님의 마음에 합당하고 훌륭한 다윗이었다고는 하나 뭐든 다 할 수 있는 것은 아니었습니다.
　다윗은 그런 하나님의 뜻을 겸손하게 인정했습니다. 보통 사람 같으면 하나님의 판단과 결정을 쉽게 받아들이지 못했을 것입니다. 그러나 다윗은 자신이 아니면 안 된다는 교만함에 빠지지 않고 하나님의 판단과 결정에 순종했습니다. 뿐만 아니라 다윗은 자신이 하나님의 성전을 지을 수 없다는 것을 알면서도 성전 건축을 위해 많은 준비를 했습니다. 자신을 드러내지 않으면서도 최선을 다했던 것입니다. 그런 믿음이 있었기 때문에 하나님의 성전은 훌륭하고 아름답게 건축될 수 있었습니다.

그와 같은 믿음과 희생은 아들 솔로몬도 마찬가지였습니다. 솔로몬도 성전을 짓는 일에 최선을 다했습니다. 진심으로 훌륭한 성전을 지으려는 마음으로 자신의 궁전을 짓기 이전에 최선을 다해 7년간 성전을 건축했던 것입니다.

솔로몬은 성전을 다 짓고 난 후에 성전 앞에 기둥 둘을 세웠는데, 오른쪽에 세운 것의 이름은 '야긴'이고 왼쪽에 세운 다른 하나의 이름은 '보아스'라 했습니다. 구약 시대의 중요한 건축물에는 건물을 기념하는 기둥들을 세우는 것이 보편적이었는데, 오늘날 기념비의 개념이라고 생각하면 좋을 것입니다. 이 두 기둥의 이름은 깊은 의미가 있습니다. '야긴'이라는 이름의 뜻은 '그가 세우시리라'이고 '보아스'라는 말은 '하나님의 민첩한 능력'이라는 뜻입니다. 즉 이 두 기둥의 뜻을 합해 보면 '능력이 많으신 하나님이 이 성전을 세우셨다'는 뜻입니다.

여기서 다윗과 솔로몬의 훌륭함을 발견할 수 있습니다. 웬만한 사람 같으면 두 기둥을 세우고 하나의 이름은 '다윗'이라 했을 것이고, 또 다른 하나의 이름은 '솔로몬'이라 했을 것입니다. 그러나 그들은 그렇게 하지 않았습니다. 이 아름다운 성전은 자신들의 힘과 능력으로 세운 것이 아니라 하나님의 능력으로 하나님이 세우신 것임을 밝히기 위해 '야긴'과 '보아스'라는 이름의 두 기둥을 성전

앞에 세웠던 것입니다.

 자신의 이름과 공적을 내세우지 않고 '야긴'과 '보아스'의 기둥을 세워 하나님께만 영광을 돌린 솔로몬의 믿음은 바로 하나님의 성전에 드려진 고귀한 지성소의 제물이 되었습니다. 피를 흘려 죽어야 했던 희생 제물의 정신은 이렇게 자신을 내세우지 않고 자기를 죽이는 일로 이어졌던 것입니다.

 자신을 죽이고 이렇게 멋진 성전을 지어 하나님께 봉헌했을 때 예루살렘에는 큰 변화가 일었습니다. 느헤미야서를 보면 성전이 세워진 예루살렘이라는 곳은 원래 이스라엘의 중심이 아니었습니다. 사람들이 많이 살지 않는 이스라엘의 변두리 땅이었습니다. 적의 도사림이 항상 있어왔고 전쟁이 난무하던, 인간적인 매력은 거의 없는 곳으로 당연히 그곳에서 살려고 하는 사람이 많지 않았습니다. 사는 사람이 많지 않을 경우 그 성을 지키기가 매우 어렵기 때문에, 느헤미야서를 보면 제비를 뽑아 백성을 예루살렘으로 이주시켰을 정도입니다.

 이처럼 예루살렘은 매력 있는 땅이 결코 못 되었습니다. 예루살렘은 처음에는 쓸모없는 땅, 버려진 땅이었습니다. 도무지 매력을 느낄 수 없는 땅이었습니다.

 그러나 지금 우리가 아는 예루살렘은 그렇지 않습니다. 모든 히브리 사람들의 정신적 중심이 되는 시온이요, 전 세계 모든 신앙인에게 있어서 이름만 들어도 하나님을 생각하게 해주는 상징적인 성읍이 되었습니다. 그 이유가 어디에서부터 비롯된 것일까요? 많은 이유가 있겠지만 제일 큰 이유는 하나님의 성전을 세운 뒤부터였습니다.

예루살렘이 세계의 중심이 된 이유는 바로 성전에 '야긴'과 '보아스'라는 두 기둥을 세웠기 때문입니다. 즉 능력의 하나님이 세우셨다는 그 정신 하나가 변두리 예루살렘을 세계의 중심으로 만들어 놓았던 것입니다. 하나님 앞에서 우리 모두는 다 나를 감추고 죽어야 한다는 그 신앙이 예루살렘을 만들었던 것입니다.

◐ ◐ ◐

구약시대의 성전이 예루살렘의 성전을 의미했다면 신약시대의 성전은 바로 우리의 몸이라고 성경은 말합니다.

> 너희는 너희가 하나님의 성전인 것과 하나님의 성령이 너희 안에 계시는 것을 알지 못하느냐 누구든지 하나님의 성전을 더럽히면 하나님이 그 사람을 멸하시리라 하나님의 성전은 거룩하니 너희도 그러하니라(고전 3:16-17).

우리의 인생길은 하나의 성전을 짓는 여정입니다. 삶이 성공적이기 위해서 우리가 해야 할 일은 예루살렘 성전에 세웠던 '야긴'과 '보아스', 두 기둥을 우리의 삶에도 세우는 것입니다.

자신의 인생의 성전을 지어갈 때 '야긴'과 '보아스', 즉 능력의 하나님이 세우신다는 강한 믿음을 갖고 삶을 살아가는 자녀들에게 하나님은 의미 있는 세상을 만들어가는 주류가 되도록 축복해주십니다. 변방 예루살렘을 세상의 중심으로 세워놓으셨듯이 '야긴'과 '보아스'라는 정신이 우리에게 있다면 하나님은 우리의 인생을 정말 의미 있게 만들어주실 것입니다.

하나님 외에는 그 누구도, 그 어떤 것으로도 우리 삶은 세워질 수 없습니다. 우리의 삶이 세워지는 듯하다가 무너지는 가장 큰 이유는 하나님 외에 다른 것으로 우리의 삶을 세우려 하기 때문입니다. 우리 삶을 아름답게 만들어나가기 위해서는 하나님만을 의지하고 믿어야 합니다. 하나님 외에 다른 것을 믿거나 신뢰한다면 절대로 우리 삶을 아름답게 세워나갈 수 없습니다.

우리 하나님께는 능력이 있기 때문입니다.

그리스도인의
별명

　바울 시대의 로마 제국은 종교적 자유가 없었습니다. 바울이 로마에 도착해서 첫발을 내딛던 때 로마는 태양신을 숭배하고 있었고 그 태양이 곧 황제라고 생각했던 땅이었습니다. 그리고 그것은 삶의 모든 부분에서 종교의 형태를 뛰어넘어 생활과 문화로 굳어 있었습니다. 잘 알려진 바와 같이 우리가 쓰고 있는 달력이 바로 태양신을 숭배하는 주기를 기초로 만들어졌고, 일요일(Sunday, 태양의 날) 하루를 쉬면서 예배하는 것도 로마의 태양신을 숭배하던 종교 형태였습니다.

　요한계시록 13장을 보면 모든 국민이 황제를 숭배해야 물건을 사고팔 수 있는 증표를 얻을 수 있었다고 하는데, 그만큼 황제 숭배는 로마에 있어서 모든 사람의 생활 문화가 되었던 것입니다. 태양신의 신전이 국민들의 출생과 결혼, 사망을 관리하는 차원이 아닌, 국민들의 경제생활까지 관리했던 것입니다.

　그러나 바울이 로마 땅을 밟은 이후 300년이 지나자 기독교는 로마 제국의 국교가 되었습니다. AD 311년 콘스탄틴 클로루스(Constantius Chlorus) 황제 때 기독교에 대한 관용령이 극적으로 내려졌고, 2년 후인 AD 313년에는 기독교 신앙의 자유를 보장하는 '밀라노 칙령'이 발표되었습니다. 그리고 AD 392년 데오도시우스(Theodosius) 황제 때 드디어 다른 종교의 예배를 막는 법을 제정해 기독교의 국교화를 선언했습니다. 바울이 로마에 입성한 때가 AD 61년이니까 정확히 330년 만에 일어난 일입니다.

　기독교가 로마의 국교가 되기까지는 역사적으로 콘스탄틴 1세의 영향이 가장 컸다고 볼 수 있습니다. 그런데 콘스탄틴 1세는 황제가 되기 전부터 이미 그리스도인이었습니다. 아버지 콘스탄틴 클로루스가 죽고 난 뒤 6명의 황제 후보들과 전쟁을 할 때, 하나님이 그의 꿈에 나타나 십자가와 빛을 보여주시면서 "여기서 이길 것이다"라고 말씀하셨다고 합니다. 하나님의 계시를 받고 하나님의 도움으로 싸움에서 이길 수 있었다고 말했을 정도로 그는 하나님을 의지한 황제였습니다.

　그런데 황제와 같은 높은 신분의 집안에서 어떻게 그리스도인들이 생겨났을까요? 그렇게 된 이유는 바울이 신분이 높은 사람들만 골라서 복음을 전도했기 때문이 아닙니다. 성경을 보면 바울은 신분이 높은 사람뿐 아니라 천한 사람에 이르기까지 복음을 구별 없이 전했습니다.

당시 로마는 나라가 안정되고 도시마다 교역이 늘면서 음란과 퇴폐 문화가 활기를 띠고 있었습니다. 역사적인 문헌을 통해서도 알 수 있고, 또 로마서 1장에 나오는 당시의 사회 상황과 고린도서에 나오는 상황을 종합해봐도 로마 시대에는 성적으로 매우 음란한 생활을 했던 것을 알 수 있습니다. 당시 이미 동성애 때문에 교회가 혼란할 정도였으니 다른 것은 말할 것도 없을 것입니다.

그런 사회 풍조 속에서 그리스도인들은 자신을 지켜나간 것입니다. 자신의 몸을 지키고 자신의 마음을 지켰습니다. 그리스도인들이 성결한 생활을 함으로 인해 귀족들은 자녀를 결혼시킬 때 자연스럽게 그리스도인들을 선호하게 되었습니다. 특별히 귀족들이 며느리를 볼 때 순결하고 순수한 기독교 집안의 자녀들을 매우 좋아했습니다. 그래서 자연히 귀족의 집안에 그리스도인들이 며느리로 들어가게 되었고 그들이 자녀를 낳고 성경으로 아이를 키웠던 것입니다. 위로부터 내려온 복음 증거에 대한 힘도 있었겠지만, 이렇게 아래에서부터 서서히 복음화되어간 것이 더욱 큰 힘이 되었습니다.

이 상황이 무엇을 의미할까요? 굳이 말을 하지 않아도 되었던 것입니다. 전도지를 돌리지 않아도 되었습니다. 성경을 얘기하지 않아도 되었습니다. 그들이 했던 것은 단지 말씀대로 자신을 지키며 살았던 것뿐입니다. 세상의 가치관으로부터 자신을 지켰던 것입니다. 세상과 타협하지 않고 믿음의 길을 걸어갔던 것입니다. 그

랬더니 로마가 복음 앞에서 무너지게 되었던 것입니다. 우리가 하나님 앞에서 무엇을 해야 하는지, 무엇에 힘써야 하는지를 보여주는 역사의 교훈입니다.

◉ ◉ ◉

초대교회 사람들은 당시 세상 사람들로부터 별명을 몇 가지 얻었습니다. 그것은 '그리스도인', '새 술에 취한 자', '세상이 감당하지 못하는 자'입니다. '그리스도인'은 그리스도를 따르는 사람이라는 뜻이고, '새 술에 취한 자'는 제정신이 아니라는 뜻이고, '세상이 감당하지 못하는 자'는 그들에게서 뭔지 모르지만 힘을 발견한다는 의미입니다. 그들이 바로 그리스도인들입니다.

그들은 자신의 생각과 뜻을 죽이고, 세상의 가치관을 버리고, 하나님의 말씀으로 사는 사람들이었습니다. 하나님의 말씀을 묵상하고 그 말씀을 지키기 위해 애쓰는 사람들이었습니다. 그들은 남들보다 더 큰 힘이나 완력을 가진 사람들이 아니었습니다. 더 큰 권세를 가진 사람들도 아니었습니다. 그저 평범한 사람들로, 예수 믿는 것을 기쁨으로 여겼던 사람들이었습니다. 그런데 그렇게 평범한 그들 때문에 로마 제국이 변하게 되었습니다. 로마의 모든 문화가 300년 만에 바뀌게 된 것입니다.

주님은 우리가 소금과 빛이라 하십니다. 그리고 진정한 소금과 빛으로 산다는 것이 어떤 의미인지를 가르쳐주십니다.

이같이 너희 빛이 사람 앞에 비치게 하여 그들로 너희 착한 행실을 보고 하늘에 계신 너희 아버지께 영광을 돌리게 하라(마 5:16).

소금과 빛으로 사는 것은 결코 추상적인 개념이 아닙니다. 애매모호한 가르침이 아닙니다. 세상에서 우리가 착한 행실을 하는 것입니다. 그것을 마가는 화목하게 하는 행위라고 설명합니다.

소금은 좋은 것이로되 만일 소금이 그 맛을 잃으면 무엇으로 이를 짜게 하리요 너희 속에 소금을 두고 서로 화목하라 하시니라(막 9:50).

우리는 하나님의 자녀들입니다. 우리가 교회가 아닌 사회에 나가서 생활할 때 어떤 모습이어야 할까요? 착한 행실을 나타내는 것, 그리고 될 수 있으면 화목하게 하는 것입니다. 그리고 이런 하나님의 말씀을 매일매일 지켜나가는 것이 우리가 힘써야 할 일들입니다. 하나님의 말씀을 하나씩 하나씩 지켜나간다면 하나님은 우리를 통해 이 땅을 바꾸어나가실 것입니다.

하나님의 말씀대로 하루하루를 사는 당신이 세상을 바꾸는 사람입니다.

고난은 무익한 것이 아닙니다.
고통은 그 자체로 끝나는 것이 아닙니다.
고난 속에서 우리는 오히려 은혜를 봅니다. 축복을 봅니다.
우리를 깨끗하게 쓰시려는 하나님을 보게 됩니다.

Part 5

인생의 장벽 앞에서
걸음을 멈춘 당신에게

엎드린 마음에 깃드는 은총

사람은 세상을 살아가는 데 있어서 많은 문제를 풀며 삽니다. 어려서는 학교에서 시험 문제를 풀지만 성인이 되면 삶의 많은 문제들과 씨름해야만 합니다. 사람은 살면서 수많은 문제를 풀며 살아가지만 풀기 제일 어려운 문제는 역시 인생이라는 문제인 것 같습니다. 인생이란 살수록 참 어렵습니다. 무엇보다 내가 의도하고 계획하는 대로 잘 진행되지 않는 것이 제일 큰 문제인 듯합니다. 아무리 멋진 인생을 꿈꾼다 하더라도 우리가 만나는 주변 사람들에 따라, 그리고 주변의 사건과 상황에 따라 우리의 삶은 언제든지, 얼마든지 변화될 수 있기 때문입니다. 심지어 나의 의도와는 달리 나쁘게 진행될 수 있기 때문입니다.

여기 자신의 의도와는 다르게 삶이 이상하게 꼬인 한 사람이 있습니다. 그는 바로 다윗의 아들 압살롬입니다. 이스라엘의 왕자로 장래가 기대되는 존재였지만 배다른 형인 암논의 범죄로 인해 그의 삶은 송두리째 바뀌었습니다. 유일한 혈육인 누이 다말이 암논에게 겁탈을 당하자 그는 2년간의 준비 끝에 암논을 죽이게 되고, 그로 인해 그술 왕에게 도망해 거기서 3년간 살게 되었습니다. 후에는 아버지 다윗을 대적하다가 비참한 최후를 맞이한 인물입니다.

  압살롬은 언뜻 보면 원래 악한 인물같이 생각되지만 그렇지 않습니다. 그가 불행한 삶을 산 주된 이유는 주변의 못된 사람들과 환경의 탓이 컸습니다. 사람은 자신의 잘못이 없어도 얼마든지 환경에 의해 악해질 수 있습니다. 환경이 사람을 악하게 몰고 갈 수 있기 때문입니다.

  그러고 보니 압살롬은 아버지 다윗과 너무도 비슷한 삶을 살았습니다. 다윗도 자신의 의도와는 달리 인생의 위기를 많이 겪었습니다. 사울왕의 집착과 지나친 시기심, 그리고 정신 이상으로 압살롬과 똑같이 목숨을 부지하기 위해 도망을 다녀야 하는 시기가 다윗에게도 두 번이나 있었습니다. 가드 왕 아기스 앞에서는 수염에 침을 흘리고 벽을 손으로 긁으며 미친 척했고, 블레셋으로 도망했을 때는 1년 4개월이나 피신을 했습니다.

  부전자전이라 했습니까? 어떻게 아버지와 아들이 이렇게 닮을 수가 있을까요? 신기하게도 아버지와 아들이 똑같은 경험을 하게 됩니다. 그러나 이 같은 일이 어디 다윗과 압살롬의 경우에만 해당되겠습니까? 우리에게도 언제든지 일어날 수 있는 상황입니다. 내 주변의 사람들 때문에, 내 주변에서 벌어지는 상황들 때문에 내 의지와는 다르게 내가 악해질 수도 있는 것이고, 내 의지와는 다르게 위기의 순간을 맞이할 수도 있는 것입니다. 압살롬과 다윗같이 말입니다.

그러나 두 사람은 위기의 상황에서 그 문제를 풀어가는 해결 방법이 달랐습니다. 압살롬이 자신의 힘과 능력을 고집하다가 결국 비참한 최후를 맞이했다면 다윗은 위기의 순간에 더 빛이 난 사람이었습니다. 다윗은 위기의 상황을 맞이하면 언제나 어김없이 하나님을 의지했습니다. 성경은 다윗이 하나님을 의지하는 모습을 하나님께 엎드렸다고 표현합니다.

> 다윗이 그 아이를 위하여 하나님께 간구하되 다윗이 금식하고 안에 들어가서 밤새도록 땅에 엎드렸으니(삼하 12:16).

◦ ◦ ◦

엎드린다고 하는 것은 특별한 의미가 있습니다. 성경에서 하나님께 엎드린다는 표현을 쓰는 것은 삶의 주권이 하나님께 있음을 고백하는 것입니다. 엎드린다는 것은 내 삶이 무엇인지, 내가 어디를 향하고 있는지, 내 죄와 내 모습은 무엇인지를 아는 사람이 절대자 앞에서 취하는 행동입니다. 삶의 주권이 하나님께 있음을 확실하게 아는 것입니다. 모두 다 하나님이 하시는 일임을 확신하고 있는 자들이 보일 수 있는 삶의 모습인 것입니다. 주 앞에 엎드린다는 말속에 모든 신앙적 고백이 들어 있습니다. 나는 죄인이고, 그러기에 죽을 수밖에 없고, 하나님의 은혜로 살아 있고, 내 힘으로는 아무것도 할 수 없다는 고백입니다.

하나님이 나를 아십니다. 그리고 그렇게 나를 알고 계시는 하나님을 내가 압니다. 이보다 더 귀한 신앙이 어디 있겠습니까? 무엇이 더 필요합니까? 무엇을 더 기도하겠습니까? 주님이 나를 아신다는 사실에 모든 문제가 해결되는 것입니다. 이같이 나를 알고, 하나님을 바로 알 때 우리는 하나님 앞에 엎드릴 수가 있습니다.

또한 엎드린다는 것은 자신을 부정하는 것입니다. 아브라함에게 하나님이 나타나셨을 때 아브라함은 하나님께 달려나가 몸을 땅에 굽혔습니다. 그러고는 하나님의 뜻을 따랐습니다.

엎드리는 것, 그것은 자신을 포기한다는 것입니다. 즉 자기 뜻을 포기한다는 것입니다. 의식적으로라도 하나님 앞에서 엎드린다면 나를 포기하겠다는 그 마음이 우리에게도 조금은 있을 것입니다. 그 마음을 하나님은 기뻐하실 것입니다. 하나님은 우리가 내 마음을 버리고 하나님의 마음을 품는 것을 좋아하시기 때문입니다. 그래서 성경도 그것을 누차 이야기합니다.

> 너희 안에 이 마음을 품으라 곧 그리스도 예수의 마음이니 (빌 2:5).

내 안에 나의 마음이 꽉 차 있으면 다른 마음을 품을 수가 없습니다. 내 안이 다른 관심으로 꽉 차 있으면 예수에 관한 관심을 간직할 수 없습니다. 나를 비워야 다른 마음이 들어올 수 있습니다. 삶의 이치입니다. 내 것을 고집하면 다른 것이 들어올 수 없습니다. 하나님의 마음도 마찬가지입니다. 내 마음을 고집하면 예수 그리스도의 마음을 품을 수 없습니다. "너희 안에 이 마음을 품으라"고 말씀하시는 하나님의 음성에는 "너의 고집과 생각을 버리라"는 강력한 메시지가 있는 것입니다.

누구나 압살롬과 다윗같이 위기의 순간을 맞이할 수 있습니다. 그럴 때 어느 쪽의 모습으로 문제를 풀어나가십니까? 어떤 방법으로 위기를 극복하시렵니까? 오직 하나님을 의지하는 믿음만이 위기의 순간을 극복할 수 있습니다. 하나님을 믿는 믿음만이 삶의 모든 문제를 풀어갈 수 있습니다.

합격사과의 비밀

1991년, 일본의 최대 사과 산지로 유명한 아오모리현(靑森縣)에 유난히도 계속된 강한 태풍으로 인해 수확 시기도 아닌데 과수가 다 떨어지게 되었습니다. 한 해 농사를 망치게 된 농부들은 떨어진 사과들을 보며 모두 한숨만 토했습니다. 사과의 90%가 낙과가 되었으니 모두 절망에 빠지고 걱정을 하는 것이 당연했습니다. 그런데 그때 한 청년이 아이디어를 냈습니다.

"아직 떨어지지 않은 사과 10%가 남아 있습니다. 이 사과를 동경의 수험생들에게 내다팝시다. 어떤 태풍에도 떨어지지 않은 사과라고 말입니다."

그해 '합격사과'라고 이름을 붙인 이 사과는 불티나게 팔렸고 아오모리현은 다른 해보다 더 많은 수익을 올리게 되었습니다.

90%의 부정적인 상황에도 10%의 긍정적 요소가 있습니다. 아오모리현의 합격사과 이야기는 후에도 많은 기업의 사내 교육에 좋은 소재가 되었고 지금까지도 전해오고 있습니다. "부정적인 상황 속에서도 긍정적인 요소를 찾으라"는 강렬한 메시지를 담고 있기 때문입니다.

'전화위복'(轉禍爲福)이란 말이 있습니다. 화가 바뀌어 복이 된다는 사자성어입니다. 성경은 우리가 어려움을 당하지 않는다고 말하지 않습니다. 우리도 똑같이 고통을 당할 수 있습니다. 우리도 똑같이 화를 당할 수 있습니다. 어려움을 당하는 것은 하나님을 믿는 사람이나 믿지 않는 사람이나 모두 똑같은 것입니다. 문제는 어느 정도까지의 고통을 견뎌낼 수 있느냐 하는 것입니다.

어떤 이는 살기 싫어질 정도로 고난이 닥치면 시장에 한번 나가 정신없이 살아가는 사람들의 표정을 보라고 합니다. 바쁘게 살아가는 사람들을 보면 좀 좋아질 것이라고 합니다. 그러나 그것도 잠시, 그런 모습을 본다고 근본적인 고통의 문제가 해결되는 것은 아닙니다. 어떤 이는 우리에게 신앙이 있는데 무슨 걱정을 하냐고 합니다. 신앙이 모든 문제를 해결해준다고 너무 쉽게 말합니다. 그러나 그렇지 않습니다. 어찌 보면 신앙은 우리 삶의 문제에 고민만 더해줄 뿐 해결을 해주지는 않습니다.

○ ○ ○

그렇다면 성경에서는 고통에 대해 어떻게 말하고 있을까요? 고통에도 반드시 유익이 있을까요? 성경은 이 어려운 질문에 대해 다음과 같이 말하고 있습니다.

> 그러므로 너희가 이제 여러 가지 시험으로 말미암아 잠깐 근심하게 되지 않을 수 없으나 오히려 크게 기뻐하는도다(벧전 1:6).

그런데 우리가 이해할 수 없는 것은 그 잠깐이 어느 만큼인가 하는 것입니다. 하나님은 잠깐이라 하시는데 우리가 당하는 고난은 여전히 길게만 느껴집니다. 아니, 해결될 기미가 보이질 않습니다. 하나님의 말씀이 잘못된 것이 아닐까 의심이 됩니다. 그러나 아닙니다. 하나님의 시간과 우리의 시간이 다를 뿐입니다. 하나님께 잠시는 그분이 의도하신 바가 이루어지는 때를 말합니다. 그런데 하나님의 그 의도란 우리를 '하나님이 의도하시는 사람으로 만드는 것'을 말합니다.

고난의 시간은 내 마음의 교만과 거짓을 뽑아내는 시간입니다. 교만과 거짓을 뽑아내기 위해 필요한 것은 눈물입니다. 그래서 고난에는 항상 눈물이 동반되는 것입니다. 그 엄청난 눈물로 하나님이 좋아하시는 겸손이 만들어지는 것입니다. 모세는 40년이 걸렸고, 아브라함은 25년이 걸렸습니다. 이삭은 20여 년, 요셉은 13년이 걸렸습니다. 그러나 너무 길다고 실망하지 마십시오. 뜻밖에 짧게 걸린 사람들도 있습니다. 삭개오와 바울은 채 1시간이 걸리지 않았고, 예수님이 십자가에서 돌아가실 때 십자가 우편의 강도는 채 1분이 걸리지 않았습니다. 그러기에 하나님의 잠깐이라는 시간은 나에 의해서 만들어지는 것입니다. 하나님께는 100년이나 1시간이나 언제나 잠깐이기 때문입니다.

◐ ◐ ◐

'옥석을 가린다'는 말이 있습니다. 보석과 돌을 구별한다는 말입니다. 보석과 돌은 비슷해서 쉽게 구별되지 않지만 망치와 정을 통해 고통이 가해질 때 옥과 석이 가려지게 됩니다.

> 그러나 내가 가는 길을 그가 아시나니 그가 나를 단련하신 후에는 내가 순금같이 되어 나오리라(욥 23:10).

우리 모두에게는 금의 성분이 분명히 있습니다. 그러나 잡석에 많이 섞여 있어서 아직 보석은 아닙니다. 그래서 그것을 보석같이 사용하기는 어렵습니다. 돌을 **빼내지** 않고 사용할 때 많은 문제가 생기기 때문입니다.

제철소의 용광로에는 고철과 철광석이 들어갑니다. 그러나 끓는 용광로에서 나오는 것은 시뻘건 쇳물입니다. 그 쇳물은 순전해서 철판이 되고 철근이 되어 많은 곳에 요긴하게 쓰입니다. 고난은 우리의 삶에 용광로입니다. 용광로를 통해야 불순물이 없어집니다. 그러기에 우리에게 용광로는 잘 살기 위해 없어서는 안 될 가장 중요한 요소이고 과정입니다. 상한 감정, 열등감, 피해의식 등 모든 것이 이 용광로에 의해 치료되기 때문입니다.

독일의 유명한 신학자 디트리히 본회퍼는 그리스도인의 고통에 대해 이렇게 정의했습니다.

> 그러므로 하나님과 고통이 서로 모순되지 않으며 오히려 필연적으로 일치하는 관계임을 일찍 배울수록 유익할 것입니다.

선지자 예레미야도 고난의 유익에 대해 이렇게 노래했습니다.

내 고초와 재난 곧 쑥과 담즙을 기억하소서 내 마음이 그것을 기억하고 내가 낙심이 되오나 이것을 내가 내 마음에 담아 두었더니 그것이 오히려 나의 소망이 되었사옴은 여호와의 인자와 긍휼이 무궁하시므로 우리가 진멸되지 아니함이니이다 이것들이 아침마다 새로우니 주의 성실하심이 크시도소이다(애 3:19-23).

고난은 무익한 것이 아닙니다. 고통은 그 자체로 끝나는 것이 아닙니다. 고난 속에서 우리는 오히려 은혜를 봅니다. 축복을 봅니다. 우리를 깨끗하게 쓰시려는 하나님을 보게 됩니다. 고난에는 오히려 유익이 있습니다.

다윗의 요새

　다윗은 하나님을 표현할 때 '나의 요새'라는 말을 자주 썼습니다. "여호와는 나의 요새이시다"라는 말씀만 시편에서 15회나 나올 정도입니다. 알다시피 '요새'라는 단어는 군사 용어입니다. 다윗은 평생을 전장에서 살다시피 한 군인이었기에 군대와 관계된 표현을 많이 사용했습니다. 그런 의미에서 다윗은 자신에게 하나님이 어떤 분이신가를 생각할 때도 군사 용어로 '나의 요새'라고 표현했던 것입니다. 실제로 다윗이 느끼는 하나님은 다윗에게 요새와 같은 존재였습니다.

　군사 용어인 '요새'라는 말은 언뜻 방어만을 뜻하는 것으로 들릴 수 있습니다. 하나님이 내가 어려움을 당할 때 숨겨주시는 분 정도로 이해될 수 있지만 사실은 그렇지 않습니다. 다윗만큼 요새의 의미를 잘 알고 있는 사람은 없을 것입니다. 방어가 튼튼하지 않으면 전쟁에서 이길 수 없기 때문에 요새는 방어의 수단이 아니라 언제나 이기기 위한 수단이 되었습니다. 다윗이 하나님을 요새라고 표현한 데는 그런 의미가 담겨 있습니다.

그것은 역사적으로도 잘 증명이 됩니다. 군사전문가들은 세계의 요새 중 견고한 곳으로 일본 성(城)을 꼽습니다. 일본에는 도시마다 요새와 같은 성이 축조되어 있는데 그중 3대 성으로 오사카성(大阪城), 나고야성(名古屋城), 구마모토성(熊本城)을 꼽습니다. 이 세 곳 중에 전문가들은 구마모토성을 최고로 꼽습니다.

구마모토성은 1670년 가토 기요마사가 축조한 이래 한 번도 함락된 적이 없는 성으로, 성벽의 각도나 성 위에서의 사격 포인트가 정교합니다. 그래서 성을 함락시키기가 불가능해 보일 뿐 아니라 성벽을 오르는 것조차 어려워 보입니다. 성내에는 은행나무를 심고 다다미를 고구마 줄기로 만들어 비상시 식량을 대체할 정도로 방어 전략에도 최선을 다했습니다. 이렇듯 구마모토성으로 인해 사무라이들은 오래도록 그 지역에서 정권을 유지할 수 있었습니다.

함락되지 않는 것은 이기는 것입니다. 요새는 방어를 위한 것이지만 그것을 뛰어넘어 이기기 위한 것이요, 수비가 아닌 공격을 위한 것입니다. 그래서 요새라는 표현에는 수비와 공격 두 가지의 의미가 함께 담겨 있습니다. 다윗이 하나님을 '나의 요새'라고 표현했다면 그것은 수비와 공격을 다 말하는 것입니다. 인생에서도 수비를 해야 하는 상황, 공격을 해야 하는 상황을 맞닥뜨리게 되는데 요새를 이에 비유해 말한 것입니다.

◐ ◐ ◐

다윗은 어려서 맹수의 도전을 많이 받았습니다. 이는 그가 목동 출신이었기 때문입니다. 그러다가 다윗은 하루아침에 골리앗과 싸움을 하게 되었고 후에는 블레셋과 긴 전쟁을 했습니다. 사울왕으로부터 생명의 위협을 받기도 했고 아들 압살롬과 아도니야의 도전을 받아 나라를 빼앗기기도 했습니다. 다윗의 싸움 상대는 점점 더 커졌고 그럴 때마다 다윗의 위기도 그만큼 더 커졌습니다. 그 위기의 순간을 다윗은 '사망의 물결', '불의의 창수', '스올의 줄', '사망의 올무'라고 표현할 정도였습니다.

사망의 물결이 나를 에우고 불의의 창수가 나를 두렵게 하였으며 스올의 줄이 나를 두르고 사망의 올무가 내게 이르렀도다(삼하 22:5-6).

그러나 다윗은 그런 위기의 순간에 하나님이 보호하심을 방패, 망대, 구원의 뿔, 피난처, 구원자로 표현했습니다.

내가 피할 나의 반석의 하나님이시요 나의 방패시요 나의 구원의 뿔
이시요 나의 높은 망대시요 그에게 피할 나의 피난처시요 나의 구원
자시라 나를 폭력에서 구원하셨도다(삼하 22:3).

그러나 다윗의 하나님은 다윗을 보호해주시는 것에 그치지 않으
시고 다윗을 더 넓은 곳으로 항상 인도해주셨습니다.

그들이 나의 재앙의 날에 내게 이르렀으나 여호와께서 나의 의지가
되셨도다 나를 또 넓은 곳으로 인도하시고 나를 기뻐하시므로 구원
하셨도다(삼하 22:19-20).

다윗의 일생을 꼼꼼히 들여다보면 그는 정말 파란만장한 삶을 살았던 사람인 것 같습니다. 마치 롤러코스터를 타는 것과 같이 굴곡이 심한 인생길을 걸었습니다. 어려서는 목동의 삶을 살다가 어느 날 갑자기 군인이 되었고, 골리앗을 물리치며 장군이 되었다가, 후에는 이스라엘의 왕이 되었습니다. 그는 거처도 베들레헴에서 헤브론으로, 헤브론에서 예루살렘으로 옮겨갔습니다.

점점 더 넓은 지역으로 가게 되는 다윗, 그에게 이것은 물리적인 공간만 확대된 것이 아니라 그의 역할까지도 점점 더 넓어진 것을 의미합니다. 하나님이 그를 보호해주신 것뿐 아니라 그를 일으켜 더 넓은 곳으로 가게 해주셨기 때문입니다. 그래서 다윗은 그 하나

님을 자신의 요새라고 고백하고 있는 것입니다.

공격과 수비에서 완벽한 팀을 누가 무너뜨릴 수 있을까요? 다윗은 그런 삶을 산 사람이었습니다. 다윗이 그런 복을 받게 된 이유는 무엇이었을까요? 특출한 재능이 있었던 것이 아닙니다. 그는 양 치는 재주밖에 없던 사람이었습니다. 피나는 노력이 있었던 것도 아닙니다. 그는 그저 돌을 갖고 놀던 양치기 아이에 불과했습니다. 학력이 높았던 것도 아닙니다. 그는 학교에 다녀본 일이 없는 아이였습니다. 부모님으로부터 많은 유산을 받았던 것도 아닙니다. 평범한 유목민 이새라는 사람 집안의 여덟째 아들에 불과했습니다.

그런 그에게 남들과는 다른 특별한 한 가지가 있었다고 한다면, 다윗은 철저하게 하나님 편에 섰던 사람이었습니다. 기쁠 때나 슬플 때나, 평안한 기간이나 위기의 순간이나, 성공했을 때나 실패했을 때나, 많이 가졌을 때나 다 잃었을 때나 그는 언제나 하나님 편에 있었습니다. 이러한 삶의 자세를 그는 이렇게 기록했습니다.

> 내가 고통 중에 여호와께 부르짖었더니 여호와께서 응답하시고 나를 넓은 곳에 세우셨도다 여호와는 내 편이시라 내가 두려워하지 아니하리니 사람이 내게 어찌할까 여호와께서 내 편이 되사 나를 돕는 자들 중에 계시니 그러므로 나를 미워하는 자들에게 보응하시는 것을 내가

보리로다 여호와께 피하는 것이 사람을 신뢰하는 것보다 나으며 여호와께 피하는 것이 고관들을 신뢰하는 것보다 낫도다(시 118:5-9).

그렇습니다. 이것 하나면 충분합니다. 하나님 편에 서는 것, 하나님 편으로 분류되는 것! 그럴 때 하나님은 다윗과 같이 우리를 지키시고, 지키실 뿐 아니라 우리를 더 넓은 곳으로 인도해주실 것입니다. 하나님은 우리의 요새이시기 때문입니다.

인생, 한 편의 드라마

인생은 한 편의 드라마입니다. 우리가 하나님을 몰랐을 때에는, 즉 내 삶이 하나님이 이끌어가시는 하나의 드라마라는 사실을 몰랐을 때에는 인생이 매우 고통스럽게 느껴지거나 부끄럽게 여겨질 수 있습니다. 불행했던 사건들, 좋지 않은 기억들은 생각하기조차 싫습니다.

그러나 우리 삶이 하나의 목표점을 향해 나가는 것임을 알게 된 후에는 생각과 시각이 바뀌게 됩니다. 내가 살아온 모든 길은 하나님의 인도이심을 알게 됩니다. 사건 하나하나가 모두 우연이 아닌 필연이었음을 알게 됩니다. 모든 것이 나를 만들어가는 의미 있는 일이고 나를 향한 하나님의 의도가 거기에 있음을 알게 됩니다.

바울은 복음을 전하다가 불행하게도 옥에 갇혔습니다. 로마의 감옥에 2년간 갇혀 있었을 때 쓴 편지가 바로 신약성경의 빌립보서입니다.

바울이 누구입니까? 그는 평생을 복음을 위해 희생했던 사람입니다. 바울이 복음을 전했던 그 당시에는 매스컴이 존재하지 않았습니다. 인터넷이 있어 사람들이 집에서 복음을 접할 수 있는 상황도 아니었습니다. 많은 사람이 바울을 알 수 있었던 것이 아닙니다. 그때는 많이 돌아다니고 사람을 많이 만나 복음을 전해야 했던 시대입니다. 그런 의미에서 당시 복음을 전하기 위해서는 적어도 두 가지가 필요했습니다. 하나는 몸이 자유로워야 한다는 것이고, 또 하나는 많은 사람을 만나야 한다는 것입니다.

그런데 바울은 복음을 전하다가 예루살렘에서 어려움을 당하게 되었습니다. 전도자였던 바울 자신이 예루살렘에서 잡혀 그만 옥에 갇히게 된 것입니다. 바울은 이때 하나님을 원망할 수 있었을 것입니다.

'하나님, 복음을 전하라고 하시고는 왜 이렇게 몸을 붙들어놓으십니까?'

'많은 사람에게 복음을 증거해야 하는데 사람들을 만나지 못하게 하시면 어떻게 하라는 말씀입니까?'

'이렇게 묶여 있다가는 복음을 전하기는커녕 그냥 앉아 있다가 죽고 말 것입니다.'

바울에게는 로마 시민권이 있었습니다. 그러기에 자신이 갖고 있는 로마 시민권을 이용해 어떻게든 그 어려움에서 벗어나고자 했습니다. 그러나 그의 인생길은 계속 반대로만 진행되었습니다. 자유롭게 되기는커녕 로마로 압송되었습니다. 로마의 시민권자임을 이용해 로마에서 재판을 받으려 했으나 결국 긴 세월을 로마 황제의 감옥에서 결박당한 채 보냈습니다.

그런데 참으로 놀라운 것은 그런 어려운 환경 속에서 하나님의 역사가 일어났다는 것입니다. 성경에는 당시 바울의 상황이 이렇게 기록되어 있습니다.

> 형제들아 내가 당한 일이 도리어 복음 전파에 진전이 된 줄을 너희가 알기를 원하노라 이러므로 나의 매임이 그리스도 안에서 모든 시위대 안과 그 밖의 모든 사람에게 나타났으니 형제 중 다수가 나의 매임으로 말미암아 주 안에서 신뢰함으로 겁 없이 하나님의 말씀을 더욱 담대히 전하게 되었느니라(빌 1:12-14).

여기에서 우리가 관심 있게 볼 단어가 한두 개 있습니다. 그중에서 하나는 '시위대'라는 단어입니다. '시위대'는 헬라어로 '플라토리온'이라고 하는데, 이는 그냥 시위대가 아니라 황제의 시위대를 의미합니다.

바울이 갇혀 있던 로마의 지하 감옥에는 '할루시스'라는 쇠사슬이 있었습니다. 바울은 이 '할루시스'라는 쇠사슬에 묶여 있었는데 이 쇠사슬로 죄수의 팔과 감시원의 팔을 함께 묶었습니다. 바울의 팔과 시위대원의 팔을 함께 묶어놓고, 그 시위대원을 24시간씩 근무시키고 교대하는 것입니다.

여기에 하나님의 극적인 드라마가 숨겨져 있습니다. 바울은 로마의 시위대원들과 24시간이라는 긴 시간을 함께 보낸 것입니다. 그렇게 그와 함께 지냈던 사람들이 꽤 많았을 것입니다. 그것도 하나님의 계획이었던 것입니다. 그들은 후에 로마의 중심적인 역할을 하게 될 사람들이었습니다. 바울은 그들에게 복음을 전하게 되었고, 그들이 로마 중심 사회에 복음을 퍼뜨렸던 것입니다. 그것을 증명하는 말씀이 있습니다.

> 모든 성도들이 너희에게 문안하되 특히 가이사의 집 사람들 중 몇이니라(빌 4:22).

'가이사의 집'이란 황제의 집을 말합니다. 어떤 성경을 보면 '황제의 집 사람들'이라고 분명하게 번역되어 있습니다. 이미 복음이 로마의 심장부에 전해지고 있음을 증명해주는 말입니다. 그리고 그 후 채 300년이 지나지 않아 로마는 AD 313년 콘스탄틴 황제 때 기독교를 인정하게 되었고, AD 395년 데오도시우스 황제 때 기독교를 국교로 선포했습니다.

하나님은 하나님의 시나리오에 있어서 가장 **빠른** 길을 바울에게 보여주셨습니다. 바울은 복음을 전하고자 하는 자신의 꿈을 이루기 위해 자유롭게 움직이기를 바랐지만, 하나님은 그의 소원이 가장 **빠르게** 이루어지게 하기 위해 그를 묶어놓으셨습니다.

그래서 바울은 그런 하나님의 깊은 의도를 알고 난 후에 또 하나의 단어를 성경에 쓰게 됩니다. 그것은 '도리어'라는 단어입니다(빌 1:12). 바울은 자신이 옥에 갇히게 된 것이 도리어 하나님의 일을 진전시켰다고 고백했습니다. 심한 고통과 고난을 받았지만, 바울의 일생이 더욱 빛나게 되었고 아름답게 되었다는 고백을 했습니다.

○ ○ ○

우리는 하나님을 믿습니다. 우리의 삶을 가장 좋은 시나리오로 감독하시는 하나님을 우리가 믿습니다만 그 사실을 알고 기뻐하고 있는지요? 늘 평안해하고 있는지요? 감사한 마음을 갖고 있는지요? 혹 살아온 삶을 한탄하며 신세타령이나 팔자 운운하지는 않았는지 되돌아봅니다. 만약 그렇다면 이제는 그 생각을 바꾸어야 합니다. 낙심과 절망에서 일어나 내가 당한 일이 '도리어' 진전이 되었다고 생각해야 합니다.

우리의 생은 결코 헛되지 않습니다. 바울은 옥에 갇혀 있었지만, 고통스러운 것 같았지만, 실패인 것 같았지만, 아니었습니다. 그 안에서 놀라운 드라마가 연출되고 있었던 것입니다. 비록 지금은 힘들고 어렵더라도 하나님이 빚어가시는 아름다운 우리 삶을 기대할 수 있습니다.

그 하나님의 이끄심에 우리를 맡겨야 할 것입니다.

뼈아픈 과거

하나님은 우리에게 기억할 수 있는 능력을 주셨습니다. 기억력은 인간을 다른 동물보다 뛰어난 존재가 되도록 해주었지만 때로 기억은 우리에게 아픔을 주기도 합니다. 아픔의 기억이 우리를 너무 힘들게 하기 때문입니다.

하나님은 이스라엘 백성에게 기억하라고 하셨습니다. 그런데 이상한 것은 좋은 기억이 아닌, 늘 나쁜 기억을 기억하라고 하셨습니다.

"40년간 광야를 헤매었던 것을 기억하라!"(신 8:2)
"비참하게 낮아진 것과 굶주린 것을 기억하라!"(신 8:3)

왜 그러셨을까요? 그것은 하나님의 백성을 잘 사는 길로 인도하고 싶으셨기 때문입니다. 사람이 떡으로만 사는 것이 아니라 하나님의 말씀으로 사는 것임을 알게 하시려고 기억하라 하신 것입니다. 아름다운 땅, 모자람이 없고 부족함이 없는 땅으로 이스라엘 백성을 인도하시려고 기억하라고 하신 것입니다.

> 네가 먹을 것에 모자람이 없고 네게 아무 부족함이 없는 땅이며 그 땅의 돌은 철이요 산에서는 동을 캘 것이라 네가 먹어서 배부르고 네 하나님 여호와께서 옥토를 네게 주셨음으로 말미암아 그를 찬송하리라 (신 8:9-10).

이스라엘 백성이 하나님이 준비하신 그 땅을 얻기 위해 해야 할 중요한 일은 오직 하나, 바로 하나님이 듣고 싶어 하시는 고백을 하는 것뿐입니다. 그 고백은 "하나님, 저는 못합니다! 하나님만이 하실 수 있습니다!"입니다. 그런데 아시나요? 이 고백을 하기 위한 가장 좋은 시기는 순탄한 길과 형통할 때가 아닌, 고난과 역경의 순간들입니다. 그러기에 고난, 역경, 고통은 우리에게 그렇게 나쁜 것이 아닙니다. 그것은 오히려 우리의 삶을 최고로 풍성하게 만드는 요소입니다.

사람은 누구나 고난을 싫어합니다. 우리가 예수를 잘 믿는데 하나님이 왜 여러 가지 고난을 주실까요? 이해를 잘하지도 못하고 또 이해를 하고 싶어 하지도 않습니다. 그러나 그것은 잘못된 생각입니다. 하나님은 우리를 너무도 많이 사랑하시기에 모자람이 없고 부족함이 없는 땅으로 인도하시려고 하나님이 듣고 싶어 하시는 고백을 할 수 있도록 인도해주시는 것입니다. 그러기에 우리가 당하는 고난과 고통은 하나님이 주시는 축복이요, 은총이 될 수 있습니다. 고난과 고통을 감히 축복과 은총이라고 말할 수 있는 것은 그 안에 하나님이 계시기 때문입니다.

○ ○ ○

17세기 프랑스 수도원에서 오랜 세월 주방 일을 했던 로렌스(Brother Lawrence)라는 형제가 있었습니다. 그는 '30년 전쟁' 중에 부상을 당해 불편한 몸으로 살다가 나이 쉰에 수도원에 들어가 40년 가까이 구두 수선과 주방 일을 맡아 봉사한 사람입니다. 그는 매일 반복되는 평범한 일상 속에서 하나님의 임재를 누구보다도 정확히 체험하게 되었습니다. 로렌스 형제의 가르침을 묶어서 만든 책 『하나님의 임재 연습』에 나오는 내용 한 부분을 소개합니다.

> 하나님께 자신을 온전히 내어드린 사람이 있다고 합시다. 그런 사람에게는 고난이 닥치든 위로를 받아야 되는 순간이든 크게 차이가 없습니다. 하나님의 뜻이면 무엇이든 그 뜻을 준행하는 것이 그의 기쁨

이자 만족의 근원이기 때문입니다. 비록 고난이 닥치더라도 그 안에 하나님의 뜻이 담겨져 있고 그 뜻에 복종하는 마음이 충만함으로 그 사람에게는 기쁨만이 따를 것입니다.

세상 사람들은 질병을 하나님으로부터 오는 은총이 아니라 사람에게 아픔을 주는 것으로 받아들입니다. 그리고 질병을 오로지 그런 시선으로만 보기 때문에 질병에서 슬픔과 괴로움밖에는 보지 못합니다. 하지만 질병을 하나님의 손에서 오는 것으로, 하나님의 자비가 나타난 것으로 받아들이고 자신을 구원하기 위해 하나님이 사용하시는 수단으로 여기는 사람은 그 질병에서 오히려 단맛과 위로를 느낍니다.

하나님은 우리가 건강할 때보다는 병들었을 때 어떤 의미에서는 우리에게 더 가까이 계시고, 더 효과적으로 우리 곁에 임재하신다는 사실을 알아야 합니다. 하나님은 우리 영혼의 질병을 고치기 위해 육신에 질병을 보내시는 경우가 흔히 있습니다. 영혼과 육신을 모두 고치시는 주권적인 치료자가 계시다는 것을 알아야 합니다. 로렌스 형제는 또 이렇게 말했습니다.

이 땅에서 제게 위로가 되는 것 가운데 또 한 가지는 이제 믿음으로 하나님을 보고 있다는 사실입니다. 나는 더 이상 믿지 않습니다. 하나님을 믿는 것이 아니라 하나님을 보기 때문입니다. 이제야 믿음이라는 것이 무엇인지, 그리고 그 믿음이 나에게 무엇을 가르치는지 알 듯합니다. 그 믿음이 내게 말하는 것을 확신하면서, 또한 그 믿음대로 실천하면서 하나님과 함께 살고 죽을 것입니다.

◦ ◦ ◦

우리가 살아온 나날들을 생각해봅니다. 고통뿐이었다고 생각하십니까? 아픔뿐이었다고 생각하십니까? 감사할 것은 하나도 없다고 생각하십니까? 경제적으로 어려움만이 있었습니까? 질병으로 인해 심신이 괴로울 뿐입니까? 정말 그것뿐입니까? 아닙니다. 우리가 살아온 기간이 온통 잊어버리고 싶은 기억, 지워버리고 싶은 기억들뿐이라 할지라도 그 안에 하나님의 사랑이 있습니다. 나를 살리시기 위한 하나님의 포기하지 않는 크나큰 사랑이 있습니다.

내 곁에서 나를 붙들고 계시는, 그래서 내 입에서 "하나님, 저는 못합니다. 하나님이 도우셔야 합니다"라는 고백을 듣고 우리를 모자람이 없고 부족함이 없는 땅으로 인도하고자 하시는 그 하나님을 볼 수 있어야 합니다.

하나님은 결코 우리를 버리지 않으셨습니다. 우리를 너무 사랑하실 뿐입니다.

헤롯의 때가
올지라도

예수님이 이 땅에 태어나실 때에 베들레헴에 살던 두 살 이하의 많은 사내 아기가 목숨을 잃었습니다. 예수님 때문에 베들레헴의 아이들이 아무 죄 없이 죽었던 것입니다. 예수님이 오시지 않았다면 죽지 않았을 아이들일 텐데 말입니다. '온 인류를 구원하러 오시는 예수님이 왜 아이들을 죽이면서까지 이 땅에 오셨는가?' 하는 의문이 듭니다.

어떤 사람들은 이렇게 말합니다. 인류를 구원하기 위해서 작은 희생은 있을 수 있다고. 그러나 온 인류를 구원하는 큰일을 위해서는 한 아이가 죽는 것을 작은 일로 가볍게 여겨도 되는 것일까요? 절대 그럴 수 없습니다. 만약 내가 죽은 아이의 부모라면, 내 아이가 죽었는데 예수님의 오심이 무슨 소용이 있겠습니까?

그렇다면 왜 베들레헴의 아이들이 죽었을까요? 그리고 그 상황이 주는 의미는 무엇일까요? 이 질문에 대한 답을 얻기 위해 우리는 헤롯이라는 인물을 알아야 합니다. 당시 로마는 식민지의 민심을 위해 식민지 사람 중에 왕을 세웠습니다. 친로마 사람으로 로마 황제에게 충성을 맹세하는 자를 왕으로 세웠습니다. 그래서 그 왕을 분봉왕이라고 합니다.

헤롯은 BC 37년 왕위에 올라 BC 3년경에 죽은 왕으로 약 34년간 이스라엘을 통치했습니다. 그러나 유대의 왕 중에 가장 잔인하고 포악하며 비윤리적인 인물로 평가받는 사람입니다. 그의 잔인성과 포악성이 극에 달했기 때문입니다.

에서의 후손으로 에돔 땅에서 자라난 헤롯은 정통 유대인이 아니었기에 왕위에 오른 후에도 유대인들에게 리더십을 전혀 발휘하지 못했습니다. 그러자 원래 명목상 유대의 왕이던 하스몬 왕조의 마리암 공주와 결혼을 하면서 자신의 본부인과 자녀들을 버렸습니다. 당시 마리암은 10대의 어린아이였습니다. 그 후에는 처제를 사랑해 마리암과 세 아들을 간통죄로 처형했으며, 장모가 헤롯왕에게 정신적 문제가 있다고 제기하자 장모까지 처형했습니다.

이렇듯 헤롯은 온전한 정신이라고 보기 어려울 정도로 의심증이 있었던 사람으로 누가 자신을 반대한다는 생각만 들어도 다 죽이는 악행을 주저하지 않았습니다. 그래서 당시 로마의 황제는 "헤롯의 아들이 되는 것보다 헤롯의 돼지가 되는 것이 더 낫다"고 말했을 정도였습니다.

또한 헤롯은 왕위에 오르자마자 유대 최고 회의인 산헤드린 법정의 원로 300명을 차례로 제거했고, 70세가 넘어 죽을 날이 다가오자 예루살렘의 존경받는 사람을 다 잡아 가두고는 자신이 죽는 순간에 같이 죽이라고 명령했습니다. 그래야 자신이 죽을 때 많은 사람이 함께 울어주기 때문이라고 했습니다. 그가 죽은 후 역사학자들이 그를 '살인 노망자'라고 기술했을 정도로 헤롯은 정말 잔인한 사람이었습니다.

많은 역사학자는 베들레헴에서 죽은 아기의 수를 약 20명 정도로 보고 있습니다. 당시 베들레헴 작은 마을의 주민 수를 연구해 비율로 계산한 숫자입니다. 그런데 베들레헴의 아이들이 죽은 사실은 성경 이외에 다른 역사의 기록에는 남아 있지 않습니다. 그 이유를 역사학자들은 그 정도 수의 아이들이 죽는 것은 항상 있는 일이라서 기록할 가치가 없었던 것이라고 설명합니다. 그렇다면 아기들은 예수님 때문에 죽은 것이 아니라 못된 인간 헤롯의 욕망과 죄 때문에 죽은 것입니다.

헤롯왕 때에 예수께서 유대 베들레헴에서 나시매(마 2:1).

따라서 '헤롯왕 때에'라는 말은 역사상 가장 포악한 왕이 통치하고 있는 힘든 때 예수님이 태어나셨다는 것을 말해주는 표현입니다. 많은 고생과 희생을 동반하면서 예수님은 태어나시고 자라나신 것입니다. 왜 하나님은 헤롯의 때에 예수님이 탄생하도록 하셨을까요? 여기에는 두 가지의 큰 의미가 있습니다.

먼저, 아무리 절망적인 상황이라 할지라도 하나님은 우리에게 소망을 주시는 분이라는 의미입니다. 우리는 지금까지 살아오면서 대체로 즐거움 속에서 생활하지 못했습니다. 오히려 절망적인 때를 많이 만나며 생활해왔습니다. 우리의 가정, 사업, 미래, 건강, 모든 면에서 절망적인 상황을 만났는지도 모릅니다. 그러나 그때에라도 하나님은 우리에게 희망을 주십니다. '헤롯왕 때에'라는 말은 바로 최악의 상황을 말하는 것이며, 그때에 우리의 희망이신 예수님을 보내주신 것같이 우리에게 소망을 주시겠다는 하나님의 약속입니다.

또 하나의 의미는 가장 포악한 헤롯의 때에도 하나님은 하나님의 계획을 이루신다는 것을 보여주는 것입니다. 하나님은 헤롯을 놓고 예수님을 보내셨습니다. 우리는 살아가면서 많은 고난과 아픔을 만나지만 우리의 삶을 통해서 하나님의 뜻을 이루는 데에 그 고난과 아픔은 방해가 되지 않습니다. 하나님의 역사하심은 환경에 좌우되지 않기 때문입니다. 즉 하나님을 믿는 것은 세상의 조건을 이기는 것입니다. 하나님은 예수님을 이 땅에 보내실 때 우리 인간에게 그 메시지를 함께 보내셨습니다.

● ● ●

한 해, 한 해 어떻게 살아오셨습니까? 혹 바닥을 치지는 않으셨습니까? 더 이상 소망이 없다고 생각하지는 않으셨나요? 여기, 우리에게 큰 힘이 되는 하나님의 말씀이 있습니다. 바로 헤롯왕 때에 예수님이 탄생하셨다는 말씀입니다. 그 자체가 우리에게 큰 힘이 되는 메시지입니다. 아무리 힘들고 어려운 상황이라 할지라도 하나님은 우리에게 희망을 주신다는 약속입니다.

우리 인생의 '헤롯왕 때'에 예수 그리스도를 기다려봅니다.

진짜는 빛이 납니다. 주님이 빛이 나도록 비춰주시기 때문입니다.
그래서 우리는 주님 곁에 있기만 하면 됩니다.
주님의 빛을 반사시키면 되는 것입니다.
진짜가 되는 일은 그렇게 어렵지 않습니다.

Part 6

'의미 있는 삶은 어떤 것일까'
길을 찾는 당신에게

진짜를 응원하시는 하나님

 2,000년 세계 교회 역사를 보면 도무지 이해가 되지 않는 불가사의한 일이 몇 가지 있습니다. 그중 드넓은 러시아 땅이 짧은 기간 안에 복음화된 사건은 매우 놀랍습니다. 그런데 러시아 복음화의 중심에 블라디미르 1세(Vladimir, 키예프 왕으로 AD 980-1015년까지 35년간 통치함)가 있습니다. 블라디미르 1세는 러시아 사람들이 제일 좋아하는 역사적 인물입니다.

 그는 러시아에 기독교를 국교로 지정한 인물이고 많은 백성이 기독교를 믿도록 한 왕이었습니다. 그는 키예프 왕국이 하나가 되기 위해서는 하나의 종교가 필요하다고 생각했습니다. 그래서 이슬람교, 유대교, 로마 가톨릭, 동방 정교회 등 4개의 종교 지도자들을 키예프로 초청해 각각의 종교에 대한 이야기를 자세히 들었습니다. 그러고는 1차로 로마 가톨릭과 동방 정교회를 선택한 후

각각의 본부가 있는 도시로 사신을 보냈습니다. 로마 가톨릭의 본부가 있는 로마에 다녀온 사신들은 그렇게 큰 감동이 없다는 보고를 한 반면, 동방 정교회의 본부가 있는 콘스탄티노플에 다녀온 사신들은 그곳이 곧 천국과 같다는 보고를 했습니다.

블라디미르 1세는 키예프의 종교를 잠정적으로 동방 정교회로 정하고 자신이 먼저 그 교리에 대해 배워보려고 했습니다. 그런데 이상한 일이 일어났습니다. 성경을 읽으며 교리를 배우던 블라디미르 1세에게 복음이 들어가 그 자신이 먼저 변화되기 시작했던 것입니다.

그때까지 호전적이고 포악하고 술과 파티를 좋아하던 블라디미르 1세는 진정한 회심 후 바뀌기 시작했습니다. 우선, 구체적으로 자신의 생활을 바꾸었습니다. 좀 더 사랑하고, 좀 더 절제하는 모습으로 변화된 것입니다. 아울러 가난한 자를 위해 정책을 새롭게 하고, 병든 자를 위한 복지를 늘렸으며, 역사상 최초로 사형 제도를 폐지하기에 이르렀습니다.

이렇게 왕이 달라졌다는 소문이 퍼지자 백성은 블라디미르 1세를 더 좋아하게 되었고 그가 믿는 동방 정교회를 아무 거리낌없이 따르게 되었습니다. 블라디미르 1세는 동방 정교회를 키예프의 국교로 지정했고, 모든 백성은 왕이 믿는 종교라면 자신들도 믿겠다고 하며 정교회의 신앙을 기쁘게 따르게 되었습니다. 그렇게 큰 땅

덩어리 러시아가 한 시대, 한 사람의 영향력에 의해 어렵지 않게 복음화가 되었던 것입니다.

반면, 교회 역사에는 이와 정반대의 경우도 있었습니다. 인도의 독립운동가 마하트마 간디(Mahatma Gandhi, 1869-1948)는 영국에서 공부하고 귀국한 뒤 인도에서 변호사로 일했습니다. 그러나 변호사 사무실의 운영이 어려워지자 문을 닫고는 남아프리카공화국 더반에 가서 잠시 생활한 적이 있었습니다. 그때 간디는 영국인들이 다니는 교회에 출석하다가 교회생활에 곧 염증을 느꼈습니다. 그는 당시 영국 백인들이 다니던 교회의 교인들의 모습을 이렇게 회상했습니다.

"내가 보기에 회중들의 모습에서 특별히 종교적인 것은 눈에 띄지 않았고 경건한 영혼을 가지고 모였다기보다는 오히려 세속적인 마음을 가진 자들이 단지 습관적으로 사교를 위해 모인 것 같았다."

마음을 달래기 위해 찾아간 교회였지만 간디에게 영국인들의 교회는 부정적으로 비쳤고, 얼마 되지 않아 그 교회를 그만 다니게 되었습니다. 후에 영국 교회는 이 사건을 두고 '세기의 손실'이라고 말했습니다. 간디가 남아프리카공화국 더반에서 영국 교회에 출석해 예수를 믿게 되었다면 현재의 인도는 많이 변화되었을 것이라며 안타까워했습니다. 인도가 독립이 되었을 때 간디는 이런 유명한 말을 했습니다.

"영국은 영국의 교회를 갖고 영국으로 돌아가라! 그러나 예수는 두고 가라!"

블라디미르 1세와 영국 교회, 참 많은 것을 생각하게 해줍니다. 예수를 진짜로 믿는 한 사람은 세상을 변화시키지만, 가짜는 아무리 많아도 교회에 제 발로 들어오는 한 사람의 마음조차도 변화시키지 못한다는 것입니다.

◐ ◐ ◐

2006년 8월 24일, 전 세계의 천문학자들이 한자리에 모였습니다. 국제천문연맹(IAU)의 모임으로, 무엇인가 중요한 결정을 하기 위함이었습니다. 그들은 1930년 발견 이래 76년 동안이나 태양계의 아홉 번째 막내 행성으로 행세해온 명왕성을 행성에서 퇴출시킨 것입니다. 그날로 명왕성은 더 이상 태양계의 행성이 아닌 떠돌이 소행성이 되었고 이름도 '소행성 134340'이라고 붙여졌습니다. 그러면서 천문학자들은 행성의 정의를 새롭게 정했습니다.

첫째, 태양 주위를 공전하는 궤도를 갖는다.

둘째, 천체의 모양을 구형으로 유지하는 충분한 질량을 가진다.

셋째, 다른 행성의 위성이 되어서는 안 된다.

넷째, 궤도 주변의 다른 천체를 배제한다.

하나님과 우리의 관계도 똑같습니다. 모두 하나님의 자녀라고 말하고 그리스도의 제자라고 말합니다만, 진짜와 가짜는 엄연히 구분됩니다. 우리가 하나님 주위를 늘 돌고 있는지, 잘나갈 때는 멀어졌다가 실패하면 가까워졌다 하면서 여기 붙었다 저기 붙었다 하며 세상과 하나님, 두 주인을 섬기고 있지는 않은지 돌아보아야 합니다. 그리고 자신의 활동 영역인 공전 구역 내에서 세상적 가치관을 몰아내고 그리스도인으로 빛과 소금이라는 지배적 역할을 하고 있는지 돌아보아야 합니다. 그러면 우리가 진짜인지, 가짜인지를 분명 알 수 있습니다.

너희가 전에는 어둠이더니 이제는 주 안에서 빛이라 빛의 자녀들처럼 행하라 빛의 열매는 모든 착함과 의로움과 진실함에 있느니라 주를 기쁘시게 할 것이 무엇인가 시험하여 보라 너희는 열매 없는 어둠의 일에 참여하지 말고 도리어 책망하라 그들이 은밀히 행하는 것들은 말하기도 부끄러운 것들이라 그러나 책망을 받는 모든 것은 빛으로 말미암아 드러나나니 드러나는 것마다 빛이니라 그러므로 이르시기를 잠자는 자여 깨어서 죽은 자들 가운데서 일어나라 그리스도께서 너에게 비추이시리라 하셨느니라(엡 5:8-14).

진짜는 빛이 납니다. 주님이 빛이 나도록 비춰주시기 때문입니다. 그래서 우리는 주님 곁에 있기만 하면 됩니다. 주님의 빛을 반사시키면 되는 것입니다. 진짜가 되는 일은 그렇게 어렵지 않습니다. 하나님은 그런 사람들을 통해서 일하신다 합니다. 명심하십시오. 진짜는 한 사람이어도 세상을 변화시킬 수 있지만, 가짜는 아무리 많아도 한 사람조차 변화시키지 못합니다.

하나님은 오늘도 진짜가 되고 싶어 하는 당신을 응원하십니다.

빛나는 조연

하나님은 처음부터 우리 인간을 남을 돕는 존재로 만드셨고, 그런 삶의 아름다움을 가르쳐주셨습니다. 성경에 등장한 유명한 인물들은 사실 단점이 많은 사람들이었습니다. 그럼에도 불구하고 그들이 훌륭하게 될 수 있었던 이유는 그들을 도운 주변의 조연들이 많이 있었기 때문입니다.

○ ○ ○

아람의 군대장관 나아만이라는 사람이 있었습니다. 그는 천형과 같은 한센병으로 괴로움을 겪고 있었습니다. 때는 BC 850년경, 아람과 이스라엘의 전쟁이 계속 이어지던 때입니다. 아람은 지금의 이스라엘 북쪽 다마스커스(시리아) 지역의 옛 이름입니다. 그 나라의 군대장관이었던 나아만은 부족함이 없던 사람이었습니다. 한센병에 걸렸음에도 불구하고 아람 왕이 군대의 지휘를 계속 맡길 정도면 그가 얼마나 유능한 사람이었는지를 알 수 있습니다. 왕의 두터운 신임을 받았지만 당시로는 불치의 병을 앓고 있던 그는 고통에 시달리지 않을 수 없었습니다. 점점 썩어 들어가는 살을 보면서 그는 매일 탄식하고 근심했습니다.

그러던 중 전쟁터에서 잡혀온 어린 소녀가 뜻밖의 소식을 들려주었습니다. 이스라엘 땅 사마리아에 가면 병을 고칠 수 있는 선지자가 있다는 것이었습니다. 한 나라의 군대장관이 전쟁터에서 잡아온 한낱 어린 노예의 말을 쉽게 들을 리 없지만 나아만은 소녀의 말을 귀담아들었습니다. 나아만이 얼마나 자신의 병을 치료하고 싶었는지 알 수 있는 대목입니다. 그는 물에 빠진 사람이 지푸라기라도 잡고 싶어 하는 심정으로 계집종의 이야기까지 들었던 것입니다.

히브리의 계집종, 어린 소녀 하나, 그녀는 참으로 중요한 일을 했음에도 불구하고 이름이 나오지 않습니다. 그만큼 미미한 존재라는 것입니다. 영화로 말하면 조연입니다. 아니, 조연도 못 되는 단역, 엑스트라입니다. 그런데 이 소녀의 말 한마디가 한 사람을 살렸고, 결국 아람과 이스라엘 두 나라를 살렸습니다. 나아만이 하나님을 믿게 되고 이스라엘과 아람 두 나라는 화해를 했습니다. 나아만이 이스라엘의 하나님 외에는 신이 없다고 말하면서 이스라엘에 대한 생각을 달리하게 된 것입니다.

나아만이 모든 군대와 함께 하나님의 사람에게로 도로 와서 그의 앞에 서서 이르되 내가 이제 이스라엘 외에는 온 천하에 신이 없는 줄을 아나이다 청하건대 당신의 종에게서 예물을 받으소서 하니 (왕하 5:15).

이름 없는 한 어린 소녀의 짧은 말 한마디가 놀라운 결과를 가져왔습니다. 언제나 생명을 살리는 말은 길지 않습니다. 언제나 사람에게 용기를 주는 말은 길지 않습니다. 말이 길지 않다는 것은 어렵지 않다는 것을 의미합니다. 남을 돕는 일은 어렵지 않습니다. 남을 살리는 일은 어렵지 않습니다. 남에게 용기를 주는 일과 남에게 희망을 주는 일은 결코 긴 시간이나 많은 에너지를 필요로 하지 않습니다. 어렵지 않음에도 우리가 그 일들을 하지 못하는 것뿐입니다. 그만큼 우리의 마음이 이기적으로 변했고, 경쟁 사회 속에서 남을 돌아볼 여유가 없었던 것입니다.

가까이 있는 사람들에게 희망을 주는 말이 무엇인지 혹 아시나요? 어떤 말을 할 때 사람들이 용기를 얻고 힘이 될까요? 최근까지는 "사랑한다"라는 말이라고 생각했습니다. "사랑한다"고 말하면 모든 사람이 힘을 얻고 용기를 얻는다고 생각했습니다. 그런데 최근에 그 "사랑한다"라는 말보다 더 큰 힘과 용기를 주는 말이 있다는 것을 알아냈습니다. 그 말이 무엇일까요? 그것은 "힘들지?"라는 한마디입니다. "사랑한다"는 말을 하지 못해도 괜찮습니다. "힘들지?"라는 말로도 충분합니다. "힘들지?"라는 말은 사람들에게 용기를 주고, 새 힘을 얻게 하고, 병도 낫게 합니다. 결코 어려운 말이 아닙니다.

우리가 속해 있는 공동체가 왜 이렇게 힘이 드는 줄 아십니까? 가정생활이 힘들고, 직장생활이 힘들고, 교회생활까지 힘든 이유가 무엇인지 아십니까? 모두가 주연을 하고 싶어 하기 때문입니다. 모두가 1등이 되고 싶어 합니다. 그것이 성공이라고 생각합니다.

세상은 1등이 되라고 늘 말합니다. 2등은 살아남지 못한다고 가르칩니다. 유능한 인재 한 사람이 10만 명을 먹여 살린다고 말합니다. 그러나 하나님의 방법은 다릅니다. 하나님은 우리에게 늘 이 세대를 본받지 말라고 말씀하십니다. 하나님의 방법은 이 세상과 다릅니다. 모든 사람이 1등이 되고자 애쓰는 것이 이 세상의 가치관이지만 하나님의 가치관은 주연이 아닌 조연이 되는 것입니다. 조연의 아름다움과 그 가치를 하나님이 원하고 계십니다.

칼 브라텐(C. E. Braaten)이라는 선교학자는 현대를 '다원적 악령주의 시대'라고 했습니다. 그런데 이 표현이 놀라운 것은, 그가 말하는 '악령'이 바로 인간의 자기중심적 삶을 가리키기 때문입니다. 그의 표현이 너무나도 정확합니다. 하나님의 영이 아닌 악령이 들어와 있으니 우리는 자기중심적으로 살 수밖에 없습니다.

오늘날 한국에는 그리스도인들이 참 많이 있습니다. 전체 교인 수가 1,000만 명이라고도 하고, 교회 수도 매우 많습니다. "중국 사람 가는 곳에 중국집 생기고, 한국 사람 가는 곳에 교회 생긴다"는 말이 나올 정도로, 누구보다도 교회를 사랑하는 사람들이 한국인들입니다. 그런데 왜 가는 곳마다 빛과 소금의 역할은 하지 못하는 것일까요? 칼 브라텐의 말을 빌리면, 교회 안에 악령이 들어와 있기 때문입니다. 교인들의 마음에 악령이 가득하기 때문입니다. 교인들에게 성령을 가르치는 것이 아니라 악령을 가르치기 때문입니다. 주연이 되고 싶은 이기적인 마음 때문에 교회는 빛과 소금의 역할을 잃어가고 있습니다.

우리는 모두 조연이 되었으면 좋겠습니다. 주연을 빛내주는 조연이 되었으면 좋겠습니다. 남을 살리는 조연이 되었으면 좋겠습니다. 남을 살리는 일에, 남을 돕는 일에 최선의 힘을 모으면 좋겠습니다. 교인들도 그렇게 살아야 하고, 교회도 그렇게 나아가야 합니다. 그럴 때 하나님이 우리를 인정해주실 것이고, 세상은 조연의 역할을 기뻐하는 우리 때문에 더욱 아름답게 변할 것입니다.

여기에
다 있습니다

　최근 한국교회는 그리스도인의 숫자가 줄어드는 것에 대한 걱정을 많이 하고 있습니다. 그러나 이것은 예견된 현상들입니다. 한국교회는 그동안 물질이 축복이라고 가르쳐왔습니다. "예수 믿으면 복 받는다", "그 복은 물질의 축복이다." 그런데 이제 우리 사회는 예전에 비해 엄청난 물질의 풍요 속에 살고 있습니다. 물질의 풍요 속에 사람들이 제일 먼저 잊어버리게 되는 것은 하나님의 필요성입니다. 물질이 축복이라 생각했는데 이제 그 물질이 주어졌기 때문입니다. 그러니 더 이상 하나님을 필요로 하지 않는 것은 당연합니다.

　우리는 우리가 만들어놓은 축복 논리에 스스로 빠져 있습니다. 사람들을 교회에 모을 때 예수 믿으면 복을 받는데 그 복은 물질의 복이라 했습니다. 그런데 경제가 성장하고 예전에 비해 넉넉하게 살게 되니 사람들은 하나님을 찾지 않게 되었습니다. 하나님을 찾는 대신 오히려 재미와 쾌락을 찾는 데 모든 노력을 기울이고 있습니다. 이미 축복을 받았다고 생각하는 사람에게는 하나님이 더 이상 필요하지 않기 때문입니다.

한국교회가 그토록 물질에 애착을 갖는 이유는 그것이 성경의 가르침이라고 생각하기 때문입니다. 그것은 구약성경 창세기부터 시작되는데, 하나님이 아브라함과 야곱에게 말씀하신 명령에서부터 나타난다고 여깁니다.

여호와께서 아브람에게 이르시되 너는 너의 고향과 친척과 아버지의 집을 떠나 내가 네게 보여 줄 땅으로 가라 내가 너로 큰 민족을 이루고 네게 복을 주어 네 이름을 창대하게 하리니 너는 복이 될지라(창 12:1-2).

그러나 그런 복의 개념은 예수님의 때에도 있었습니다. 특히 배가 고픈 시대에는 언제나 배부르게 먹는 것, 즉 풍족한 소유가 복이 되기 때문입니다. 이런 복의 개념을 갖고 있는 사람들에게 주님은 이적을 하나 나타내 보이셨는데 그것이 바로 오병이어의 기적입니다. 우리는 오병이어의 기적을 단순히 5,000명을 배불리 먹인 사건으로만 생각하는데, 오병이어 사건은 예수님이 다른 목적으로 우리에게 보여주신 것입니다. 오병이어의 기적을 보이시고 난 바로 직후 하신 말씀에서 우리는 그것을 알 수 있습니다.

> 예수께서 대답하여 이르시되 내가 진실로 진실로 너희에게 이르노니 너희가 나를 찾는 것은 표적을 본 까닭이 아니요 떡을 먹고 배부른 까닭이로다(요 6:26).

사람은 '떡' 먹고 배부른 것에 관심이 많지만 예수님은 '표적'을 보아야 한다고 강조하셨습니다. 즉 5,000명이 떡을 먹은 것 자체가 표적이 아니라 또 다른 표적이 있다는 것을 말씀하십니다.

당시 상황은 사람들이 말씀이 듣고 싶어서 먹는 것조차 잊고 모인 그런 낭만적인 상황이 아니었습니다. 이스라엘 백성의 정신적 지도자였던 세례 요한이 잡혀 죽은 비상시국이었습니다. 즉 요한의 세력에 대한 헤롯 정부의 강력한 억압을 예견하는 상황에서 남은 이스라엘 백성이 예수님을 의지하며 예수님께로 모인 것입니다. 그런 상황에서 예수님을 중심으로 5,000명의 무리가 한곳에 집결했다는 것은 많은 것을 시사해주고 있습니다.

국가가 망하고, 바른 지도자가 없고, 정권을 잡은 자들이 백성을 학대하는 상황에서 백성의 삶이란 무척 고달팠을 것인데 그들에게 필요한 것은 무엇이었을까요? 정치가 망가지면 경제도 망가지고 희망도 없어집니다. 사람들은 편안한 삶을 살 수 없게 됩니다. 그 당시의 상황을 성경은 이렇게 표현합니다.

이곳은 빈 들이요 때도 이미 저물었으니(마 14:15).

사람들은 단지 한 끼 밥 먹는 것이 필요했던 것이 아닙니다. 당시 사람들에게는 더 절실한 것이 있었습니다. 그것은 평안과 기쁨, 그리고 희망이었습니다. 무엇보다 두려움과 공포를 느끼는 사람들에게 평안과 참된 쉼이 필요했던 것입니다. 그런 자들에게 예수님은 다가오셨습니다.

무리를 명하여 잔디 위에 앉히시고(마 14:19).

예수님은 지금 사람들에게 떡이 아닌 다른 것을 주고 계십니다. 즉 평안이 없는 세대에 평안을, 기쁨이 없는 세대에 기쁨을, 희망이 없는 세대에 희망을 주십니다. 그러기에 오병이어의 기적에서 봐야 할 표적은 단순한 떡과 물고기, 도시락의 양적 증가가 아닙니다. 풍요로운 식탁의 축복을 말해주는 것이 아닙니다. 그것은 세상의 왕이 주지 못하는 것, 세상의 사람들이 주지 못하는 것, 즉 평안, 기쁨, 소망을 주는 것을 보여주시기 위함입니다. 그런데 주님은 그 평안, 기쁨, 소망을 우리가 보여주라고 하십니다.

예수께서 이르시되 갈 것 없다 너희가 먹을 것을 주라(마 14:16).

◉ ◉ ◉

예수 그리스도의 제자 된 우리가 세상 사람들에게 보여주어야 할 모습은 무엇일까요? 그것은 평안, 기쁨, 삶의 소망입니다. "교회는 더 많은 물질적 축복을 얻고 싶은, 욕심 많은 사람들만이 남아 있는 곳이다"라고 세상 사람들이 그리스도인들을 평가절하할 때 "아니다!"라고 분명하게 말할 수 있어야 합니다. "여기에 평안이 있습니다!", "여기에 기쁨이 있습니다!", "여기에 소망이 있습니다!"라고 복음의 진리에 대해 말할 수 있어야 합니다. 보여줄 수 있어야 합니다.

주님이 주시는 복음은 힘이 있습니다. 그 복음의 능력을 우리가 먼저 알고, 깨닫고, 느끼고, 누려야 남에게 보여줄 수 있습니다. 그런 삶을 살아갈 때 진정 세상 사람들에게 풍요로운 삶을 전할 수 있습니다.

곁을 지키는 사람들

 좋은 관계인지 아닌지를 나누는 기준은 사람마다 다를 수 있지만 어느 정도 보편성은 존재합니다. 이를테면 누군가 어려움을 당할 때 슬픔을 얼마나 같이 나눌 수 있는가에 따라 관계의 친밀도를 알 수 있습니다.

 이 관점으로 예수님을 한번 생각해보았습니다. 예수님의 인간관계는 어떠했을까요? 예수님도 이 땅에서 생활하실 때 많은 인간관계를 맺으셨습니다. 그러나 예수님 주위에 있었던 모든 사람이 다 예수님과 똑같은 관계였다고는 결코 단언할 수 없습니다. 많은 사람이 예수님의 주위에 있었고, 또 성경이 그것을 증언해주고 있으나 정말로 그들이 똑같은 마음으로 예수님을 사랑했을까요? 그에 대한 의문을 우리가 한번 가져봐야 합니다. 그래서 예수님을 중심으로 해서 우리와 관계의 거리를 측정해볼 필요가 있습니다.

제일 먼저 맨 바깥쪽 원에 있는 사람들로 마태복음 14장에 나오는 5,000명을 들 수 있습니다. 이들은 예수님의 말씀이 정말 좋아서 여러 마을로부터 예수님을 따라 들에까지 좇아왔고, 또 밥 먹는 것도 잊고 말씀을 들었던 사람들입니다. 예수님의 병 고치심을 보고 놀랐던 사람들이고, 오병이어의 기적, 즉 보리떡 다섯 개와 작은 생선 두 마리로 5,000명이 배불리 한 끼를 먹었던, 그 기적 중의 기적을 몸소 체험했던 사람들입니다.

그러나 어느 순간, 이들은 모두 예수님 곁에서 사라지고 말았습니다. 그렇게 열정적으로 말씀을 듣기 위해, 말씀이 즐거워 예수님을 좇았건만 예수님이 고난을 받으시기 시작하자 모두 다 흔적도 없이 사라지고 말았습니다. 그런 자들에게 주님은 이렇게 말씀하십니다.

> 예수께서 대답하여 이르시되 내가 진실로 진실로 너희에게 이르노니 너희가 나를 찾는 것은 표적을 본 까닭이 아니요 떡을 먹고 배부른 까닭이로다(요 6:26).

그다음으로 주님과 가까운 거리의 사람들은 70명의 제자들입니다. 누가복음 10장에 나오는 이들 70명은 예수님으로부터 친히 전도 훈련을 받고 각동, 각처로 보내심을 받았던 파송자들입니다. 영광스러운 직분을 맡은 자들이요, 예수님도 그들을 사랑하셨고 또 측은히 여기는 연민까지 보이셨습니다.

그러나 따지고 보면 그들도 그렇게 예수님을 돕고 예수님의 사랑을 받았건만 정작 예수님이 그들을 필요로 하실 때는 한 명도 나타나지 않았습니다. 그들이 누구입니까? 일시적인 감정으로 열정적으로 훈련을 받고, 또 요란하게 교회에서 많은 봉사를 하지만, 교회나 교인들로부터 크고 작은 상처라도 받거나 개인적인 시련이라도 닥치는 날이면 그 뜨거웠던 감정이 곧 식어버리는, 그래서 예수를 쉽게 떠나버리는 그런 사람들입니다.

그다음으로 주님과 가까운 사람들은 예수님의 열두 제자입니다. 그들은 3년이라는 상당히 긴 시간을 투자해 주와 동행하며 친히 예수님으로부터 제자훈련을 받아 사도가 된 사람들이요, 예수님의 최정예부대였습니다. 하나님에 대해 체계적으로 배웠고 예수님의 의중을 누구보다도 잘 알았던 한솥밥의 장본인들이었습니다.

그러나 정작 그들도 예수님이 잡히시던 그날 밤, 저녁만 같이 먹고는 모두 다 도망가고 말았습니다. 주님으로 인한 불이익은 절대 받지 않겠다는 자세로 모두 예수님을 배반하고 말았던 것입니다. 오늘날도 이런 사람들이 아주 많습니다. 예수님께 배우고 또 주를 위해 죽겠노라고 헌신까지 했지만 결국 자신에게 어려움이 닥치면, "예수가 밥 먹여주냐!"며 세상적인 방법을 찾아나서는 그런 사람들을 말합니다.

열두 제자 중에 조금 더 주님과 가깝게 있었던 인물이 있습니다. 예수님을 사랑하되 끝까지 사랑하려 했던 인물입니다. 그는 다름 아닌 베드로입니다. 예수님이 잡혀가신 그날 밤, 잡혀가 심문을 받고 계시는 대제사장 가야바의 집 뜰까지 따라가, 비록 멀찍이 떨어져 있었지만 측은한 마음으로 예수님을 바라보았던 그런 제자였습니다.

그러나 베드로도 생명의 위협을 느낀 순간에는 결국 그리스도를 부인하고 말았습니다. 예수 그리스도보다는 자신의 생명이 더 소중했기 때문입니다. 주님은 베드로의 생명을 원하고 계시는데, 그는 결국 예수님의 그런 요구를 거절하고 말았던 것입니다.

> 베드로가 바깥 뜰에 앉았더니 한 여종이 나아와 이르되 너도 갈릴리 사람 예수와 함께 있었도다 하거늘 베드로가 모든 사람 앞에서 부인하여 이르되 나는 네가 무슨 말을 하는지 알지 못하겠노라 하며(마 26:69-70).

어느 정도의 헌신과 손해를 각오하고 예수를 믿기는 하지만 정작 생명의 위협을 느낄 때는 본색을 드러내고 마는 그런 신앙인이 바로 베드로입니다.

그렇다면 예수님과 제일 가까운 사람들은 누구일까요? 그들은 안타깝게도 제자들이 아니었습니다. 그들은 바로 막달라 마리아와 야고보의 어머니 마리아, 그리고 살로메라고 하는 세 여인이었습니다. 그들은 예수님이 갈릴리에 계실 때부터 좇아 섬기던 자들이었고, 예수님을 따라 갈릴리 지방에서 예루살렘까지 왔으며, 결국은 예수님의 장례를 지켜본 마지막 사람들이었습니다. 예수님의 무덤은 로마 군인들이 삼엄하게 경계를 하고 있었기에 그 현장에 가면 자칫 붙잡혀 자신들도 고난을 받을 수 있었고, 또 같은 패로 인정되어 죽임을 당할 수도 있었습니다. 하지만 여인들은 그것을 두려워하지 않고 예수님을 그대로 죽게 해서는 안 된다고 생각하며 예수님을 끝까지 따랐습니다.

◦ ◦ ◦

우리는 다 주님을 따르는 사람들입니다. 그래서 주일에는 예배당에 나가 주님께 예배드리고 기도도 합니다. 그러나 그 자리에 있다고 해서 주님과의 관계가 모두 같을 수는 없습니다. 과연 우리 주님 가까이에 있는 사람은 누구입니까? 적어도 우리에게는 그리스도 예수의 곁에 끝까지 남겠다는 그 욕심이 있어야 할 것입니다.

그리스도 예수를 위한 선한 그 욕심은 그분의 사랑을 얻기에 충분합니다.

마지막이
가까울 때

국가별 국민소득 지도와 국가별 행복지수 지도를 겹쳐놓고 보면 국민소득과 행복은 전혀 관계가 없는 것 같습니다. 아니, 관계가 없는 것이 아니라 오히려 국민소득이 낮을수록 행복을 많이 느끼는 것을 확인할 수 있습니다.

영국에 있는 신경제재단(NEF)의 연구 발표에 의하면, 아시아 국가들 중에 베트남, 인도, 라오스, 방글라데시, 네팔 등의 나라에서 행복지수가 높다고 합니다. 그런데 특이한 것은 윤회설을 믿는 나라들이 비교적 행복지수가 높다는 점입니다. 베트남, 태국, 라오스 등은 불교 국가이고 인도는 힌두교 국가입니다. 우리가 잘 알듯이 불교와 힌두교는 윤회설을 바탕으로 한 종교입니다.

국가별 행복지수의 순위가 들릴 때마다 마음이 언짢은 이유는 '기독교는 왜 불교나 힌두교만큼도 행복하지 못할까?' 하는 생각 때문입니다. 그도 그럴 것이 주로 기독교를 믿는 서방의 선진 국가들이 "예수를 믿었더니 국민소득이 높아졌다"고 자랑할 때, 불교와 힌두교를 믿는 국가들은 "아니야! 행복은 결코 돈으로 살 수 있는 것이 아니야!" 하며 오히려 기독교를 가르치는 것같이 느껴지기 때문입니다.

그렇다면 그들이 믿고 있는 윤회설은 무엇일까요? 윤회란 일정한 깨달음, 경지 또는 구원의 상태에 도달할 때까지 계속해서 이 세상에서 재탄생한다는 믿음입니다. 불교, 힌두교, 자이나교, 시크교 등 주로 인도에서 유래한 종교들에 나타나는데, 모두 윤회를 가장 중요한 교리로 여기고 있습니다.

어떻게 보면 다음 생에 대한 소망이 오늘의 어려움을 견디게 하고 오늘을 행복하게 만들어주고 있는 것입니다. 그래서 윤회설은 단지 하층민의 불만을 희석시키는 통치철학이 아닌, 지배자에게도 하층민을 업신여기지 못하게 만드는 사상입니다. 그런 사상 때문에 모든 사람의 삶을 절제하고 절도 있게 만들고 삶을 공평하게 인식하도록 만듭니다.

우리의 생각 하나가 욕심을 버리게 하고, 생각 하나가 소망을 갖게 하고, 생각 하나가 사람을 만족하며 행복하게 살도록 만드는 것입니다.

그렇다면 예수를 믿는 우리는 왜 그만큼의 행복도 느끼지 못하고 살아가는 것일까요? 이쯤 해서 예수 믿는 것을 포기하고 부처님을 믿어야 할까요? 아니면 기독교를 버리고 힌두교를 믿어야 할까요? 아닙니다. 기독교가 잘못된 것이 아니라 신앙의 기초가 잘못 놓였기 때문입니다. 첫 단추를 잘못 채우면 입은 옷의 모양이 이상해지듯 말입니다.

우리가 하나님을 믿는 데에 있어서 가장 중요한 신앙의 핵심은 부활신앙입니다. 천국의 소망이 우리에게는 있습니다. 그러나 오늘날에는 그것을 날마다 의식하며 살아가는 그리스도인을 발견하기가 참 어렵습니다. 윤회설과는 비교가 되지 않는 복음을 하나님이 우리에게 주셨는데, 부활신앙, 영원한 천국의 삶을 소망하는 것을 우리는 언제부터인가 잊고 살아가고 있습니다. 그 복음의 비밀을 잊으니 이 땅에서 행복을 누릴 수가 없는 것입니다. 이 비밀을 알면 삶의 모든 문제가 해결되는데 말입니다.

◐ ◐ ◐

2008년도에 발표된 신경숙 작가의 소설 『엄마를 부탁해』는 한국뿐 아니라 미국에서도 큰 인기가 있었습니다. 시골에서 올라온 어머니가 지하철역에서 실종되면서, 존재하지 않는 어머니를 찾으며 어머니의 존재의 소중함을 알아가는 가족들의 모습을 감동적으로 그리고 있습니다. 그런데 이런 부류의 소설은 훨씬 이전에도 있었습니다.

1997년에는 김정현 작가가 『아버지』라는 소설을 발표했는데, 그 소설로 인해 아버지에 대한 생각이 달라질 정도로 당시 한국사회에서 큰 인기가 있었습니다.

주인공 한정수는 행정고시를 통과해 문화재청 사무관까지 오른 전형적인 자수성가형 남자입니다. 또한 평범한 가정의 아버지이기도 합니다. 그러나 대부분의 한국 아버지가 그렇듯이 열심히 일하며 살아가느라 가족과 단절된 삶을 살았으며 오래도록 가정을 잘 돌보지 못했습니다. 결국 그는 대학생 딸에게 '당신'이라고까지 불림을 당할 정도로 가족들에게 상처를 많이 주었습니다. 그런 아버지가 췌장암에 걸려 죽어가면서 가족과 화해하는 모습을 그리고 있는데, 소설의 끝부분에서 조금은 놀랄 만한 상황이 벌어집니다. 이 아버지는 술집 아가씨와 외도를 한 적이 있는데, 아내가 남편의 애인이자 술집 아가씨인 소령이라는 젊은 여인에게 남편의 마지막을 부탁합니다. 함께 여행도 가도록 합니다.

결코 보편적인 설정은 아닙니다. 소설적 상상력입니다. 외도가 좋다는 것도 아니요, 용서받지 못할 일이 아니라는 말을 하려는 것도 아닙니다. 작가는 죽음이라는 것이 모든 것을 용서하게 만들고 모든 것을 포용하게 만든다는 것을 말하려 했던 것입니다. 우리가 곧 죽을 것이라는 사실을 알고, 곧 하나님 앞에서 심판받을 것을 인식한다면 더 많이 용서하고 더 많이 사랑하게 될 것입니다.

◉ ◉ ◉

부부 세미나를 하면서 참가한 부부에게 이런 질문을 주었습니다. "이 땅에서 나의 수명이 석 달 남았다면 무엇을 하고 싶은가?" 하는 질문입니다. 답은 모두 비슷했습니다. 첫 번째 하고 싶은 일은 아내 혹은 남편, 그리고 가족들과 여행을 하는 것이었고, 두 번째는 사람들에게 상처 준 일들에 대해서 찾아가 용서를 빌겠다고 했습니다.

우리가 가족과 함께하지 못하고, 주변 사람들을 용서하지 못하고 대접하지 못하고 피해만 주면서 살아가는 이유는 나는 죽지 않을 것이라고 생각하기 때문입니다. 우리는 모두가 죽는다는 것을 머리로는 알면서도 나는 죽지 않을 것같이 생활합니다. 죽음이라는 것을 생각한다면, 그리고 곧 하나님 앞에 서서 심판받을 것을 생각한다면 우리의 행동은 변하지 않을 수 없습니다. 더 많이 기도하고, 더 많이 사랑하고, 더 많이 대접하고, 더 많이 봉사하게 됩니다. 그리고 그런 삶이 우리를 풍요롭고 행복하게 만들어줄 것입니다.

만물의 마지막이 가까이 왔으니 그러므로 너희는 정신을 차리고 근신

하여 기도하라 무엇보다도 뜨겁게 서로 사랑할지니 사랑은 허다한 죄를 덮느니라 서로 대접하기를 원망 없이 하고 각각 은사를 받은 대로 하나님의 여러 가지 은혜를 맡은 선한 청지기같이 서로 봉사하라(벧전 4:7-10).

사명선언문

너희가 흠이 없고 순전하여……세상에서 그들 가운데 빛들로
나타내며 생명의 말씀을 밝혀 _ 빌 2:15-16

1. 생명을 담겠습니다
만드는 책에 주님 주신 생명을 담겠습니다.
그 책으로 복음을 선포하겠습니다.

2. 말씀을 밝히겠습니다
생명의 근본은 말씀입니다.
말씀을 밝혀 성도와 교회의 성장을 돕겠습니다.

3. 빛이 되겠습니다
시대와 영혼의 어두움을 밝혀 주님 앞으로 이끄는
빛이 되는 책을 만들겠습니다.

4. 순전히 행하겠습니다
책을 만들고 전하는 일과 경영하는 일에 부끄러움이 없는
정직함으로 행하겠습니다.

5. 끝까지 전파하겠습니다
모든 사람에게, 땅 끝까지, 주님 오시는 그날까지
복음을 전하는 사명을 다하겠습니다.

서점 안내

광화문점 서울시 종로구 새문안로 69 구세군회관 1층
02)737-2288 / 02)737-4623(F)

강남점 서울시 서초구 신반포로 177 반포쇼핑타운 3동 2층
02)595-1211 / 02)595-3549(F)

구로점 서울시 동작구 시흥대로 602, 3층 302호
02)858-8744 / 02)838-0653(F)

노원점 서울시 노원구 동일로 1366 삼봉빌딩 지하 1층
02)938-7979 / 02)3391-6169(F)

분당점 경기도 성남시 분당구 황새울로 315 대현빌딩 3층
031)707-5566 / 031)707-4999(F)

일산점 경기도 고양시 일산서구 중앙로 1391 레이크타운 지하 1층
031)916-8787 / 031)916-8788(F)

의정부점 경기도 의정부시 청사로47번길 12 성산타워 3층
031)845-0600 / 031)852-6930(F)

인터넷서점 www.lifebook.co.kr